新/编/少/儿/百/科

百大科学真相

梁瑞彬◎编著

吉林科学技术出版社

前 言

人类社会每前进一步，都会影响到科学技术的发展速度。而科学技术的每一次发展，也会把人类社会向前推进一步。

当今社会，科学技术空前发展，人类的生活水平也因此得到了很大的提高，人们的很多需求也得到了满足。

电话、电脑和互联网改变了人们过去依靠书信的漫长等待，把远在天涯变成了近在咫尺。高速列车和超音速飞机的出现，使得长途旅行更加轻松有趣，千里迢迢变成了朝发夕至，甚至朝去夕归。

显微镜的出现，又把人们带到了奇妙的微观世界，细菌、细胞出现在了人们的视野。而望远镜和航天技术的发展，则又把人们带到了宏观世界，人们可以观测到遥远的宇宙空间，也能够乘坐宇宙飞船到达外太空，甚至登上月球。

医疗技术的进步也给人类带来了很大的好处：1918年的西班牙大流感，全球死亡大约3 000万人，而2003年的大流感虽然来势凶猛，但由于有了很好的医疗卫生条件，却得到了很好的控制；现在，做手术连心脏也能移植，甚至能够移植人造器官。

机器人技术的发展使得过去科幻片里的变形金刚也已经变成了现实，不管是机器人战士还是机器人医生都开始发挥越来越重要的作用。更有趣的是，穿上隐形衣，你也可以过把哈利·波特瘾！

还有更多的科技成果在本书为你呈现，小朋友，翻开书，享受科学带来的震撼吧！

科学改变生活

生物医学的飞跃

材料与能源的发展

计算机与机器人

塑造建筑的神话

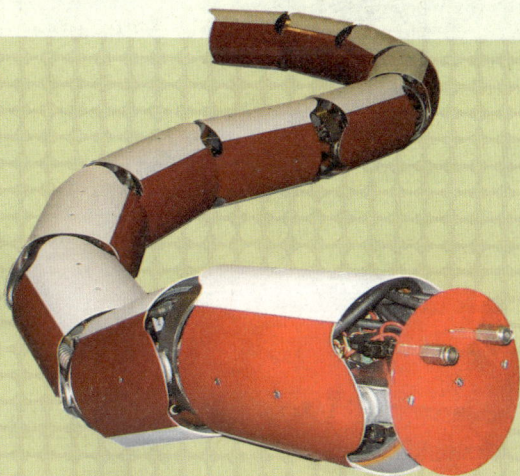

把声音传向全世界

电话

电话已经成为人们生活中不可缺少的通信工具。从亚历山大·贝尔1876年发明电话至今已有130多年的历史，这期间，电话的功能、款式发生了翻天覆地的变化，直至手机的出现。

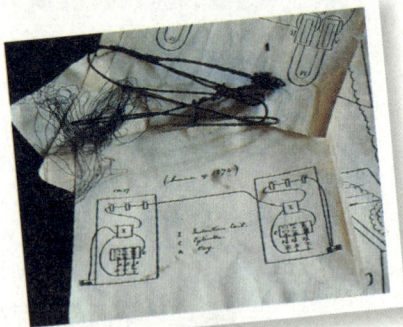

▲ 贝尔发明了世界上第一部电话

国家	英国
发明时间	1876年
发明者	亚历山大·格雷厄姆·贝尔
类别	通信

"电话之父"

1876年3月3日，美国发明家亚历山大·格雷厄姆·贝尔的专利申请被批准下来，专利号为美国174465。并把自己的最新发明在美国费城举行的世界博览会上让人们欣赏。这就是世界第一部电话。他也被称为"电话之父"。

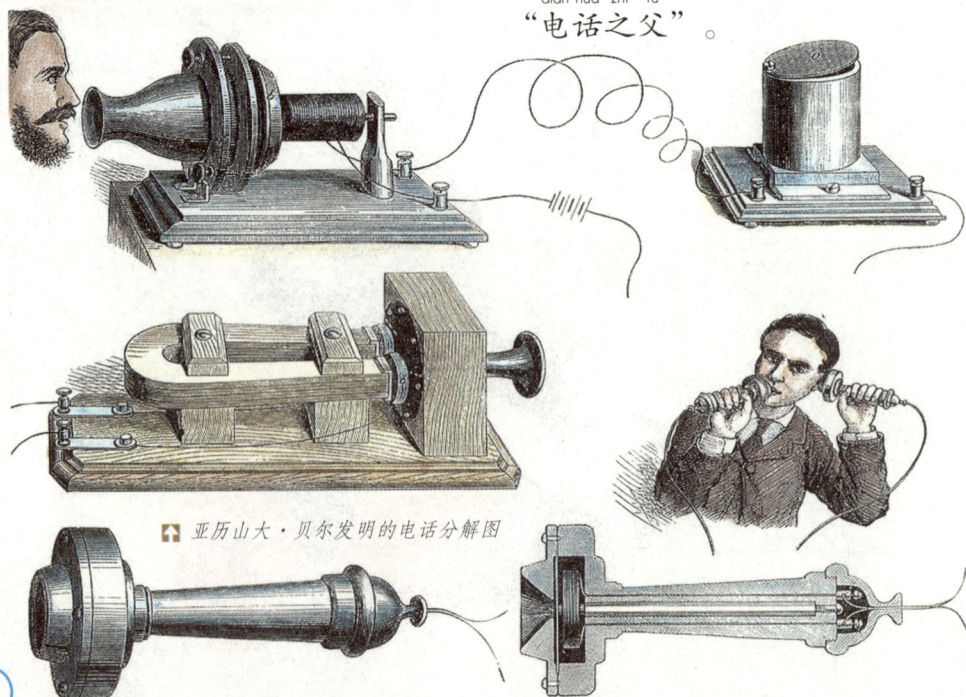

▲ 亚历山大·贝尔发明的电话分解图

"电话"一词的由来

1860年，德国的赖斯第一次将一曲旋律用电发送了一段距离，他把这个装置叫作"电话"。于是，这个名称沿用至今。

⬆ 赖斯发明的装置

⬆ 电话筒的作用

电话的原理

人们说话的时候，声带产生振动。电话机的话筒里面有个簧片，人说话的声音引起簧片振动，产生电信号，电信号通过电话线传送到对方一头，对方的听筒里就会产生声音。

今天的电话

后来经爱迪生等发明家继续改进、完善，电话才逐渐成了今天的固定电话这个样子。随着无线电技术和商业的发展，1973年，美国人马丁·库帕发明了手机。这使得我们今天长距离通话更方便、更灵活。

⬆ 马丁·库帕与他发明的手机

kě yí dòng de kòu zi
可移动的扣子

lā liàn
拉　链

lā liàn kàn sì xiǎoxiǎo de bù tiáo　hěn bù qǐ yǎn
拉链看似小小的布条，很不起眼，
dàn shí jì shang tā què gǎi biàn le rén lèi de shēng huó
但实际上它却改变了人类的生活，
céng bèi píngxuǎn wéi gǎi biàn　shì jì de shí dà fā míng zhī
曾被评选为改变20世纪的十大发明之
yī　yīn wèi zhè xiàng fā míng què shí gěi rén men dài lái le
一。因为这项发明确实给人们带来了
hěn dà de fāngbiàn　tā bǐ niǔ kòu yòng qǐ lái fāngbiàn de
很大的方便。它比纽扣用起来方便得
duō　bù guò　dāngchū rén menbìng bù mǎi tā de zhàng
多。不过，当初人们并不买它的账。

🔼 拉链

🔼 拉链是由开口和闭口两
个方向组成

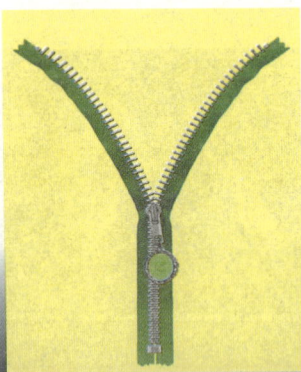

lā liàn de yuán lǐ
拉链的原理

lā liàn yòu chēng lā suǒ　yǒu liǎng tiáo dài chǐ de lā liàn dài hé
拉链又称拉锁，有两条带齿的拉链带和
lā tóu zǔ chéng　liǎng tiáo lā liàn dài de chǐ xíng xiāng hù wěn hé　lā
拉头组成。两条拉链带的齿形相互吻合，拉
tóu yǒu kāi kǒu hé bì kǒu　lǐ bian yǒu gè sān jiǎo xíng　jiān jiǎo cháo
头有开口和闭口，里边有个三角形，尖角朝
kāi kǒu fāngxiàng　wǎng kāi kǒu fāngxiàng lā jiù suǒ zhù lā liàn　wǎng bì
开口方向，往开口方向拉就锁住拉链，往闭
kǒu fāngxiàng lā jiù pī kāi lā liàn
口方向拉就劈开拉链。

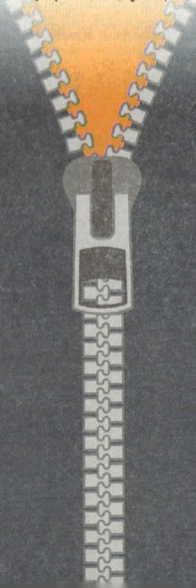

移动的扣子

经常会松开的鞋带让美国人贾德森在1893年研制出了一个自称为"滑动式扣紧"的装置，又称为"移动的扣子"，并获得了专利，这是拉链雏形。但由于不好使用，无人问津。

拉链是最早应用在靴子上的 ➡

尴尬的境遇

1912年，瑞典人森德巴克对贾德森的发明进行了多次改进，以"无齿扣件二号"的名称最后还申请了专利，于是既美观又好用的拉链就诞生了，但当时仍然很少有人愿意用它。

⬆ 森德巴克

命运的转机

拉链是通过军装的配用而广为人知的。直到1931年后，拉链开始在世界范围被广泛使用，而且也应用在其他许多行业。现在全世界每年生产的拉链总长度超过40万千米，相当于十个地球赤道那么长。

⬆ 为了提高军人的着装速度，拉链首先应用在军装上。

国　家	美国
发明时间	1893年
发明者	贾德森
类　别	生活用品

tì xū gèng jiā ān quán
剃须更加安全

ān quán tì dāo
安全剃刀

ān quán tì dāo chū xiàn zhī qián　nán rén men tì
安全剃刀出现之前，男人们剃

xū shǐ zhōng shì gè nán tí　jǐn guǎn xiǎo xīn yì yì
须始终是个难题，尽管小心翼翼，

dàn zuì zhōng　hěn duō rén hái shi bèi tì dāo gē pò liǎn
但最终，很多人还是被剃刀割破脸

miàn　ér yí gè měi guó rén de fā míng　ràng tì xū
面，而一个美国人的发明，让剃须

biàn chéng le yí jiàn jiǎn dān yòu kāi xīn de shì qing
变成了一件简单又开心的事情。

↑ 剃刀

gòng tóng de wèn tí
共同的问题

bù guǎn shì zhōng guó nán rén hái shi wài guó nán rén
不管是中国男人还是外国男人

dà dōu zhǎng hú zi　zài gǔ dài　rén men dōu liú hěn
大都长胡子，在古代，人们都留很

cháng de hú xū　dàn shì hú xū tài cháng bì jìng hěn má
长的胡须，但是胡须太长毕竟很麻

fan　chī fàn xǐ liǎn dōu chéng wèn tí
烦，吃饭洗脸都成问题。

国 家	美国
发明时间	1895年
发明者	金·坎普·吉列
类 别	生活用品

理发师的提醒

老式的刀片很危险，就连理发师都感到非常麻烦。有一天，吉列去理发。"要是有一种安全剃须刀就好了。"理发师说，吉列意识到，全世界那么多的人用剃须刀，如果发明一种新式的安全剃须刀，肯定有销路。

⬆ 老式的刀片

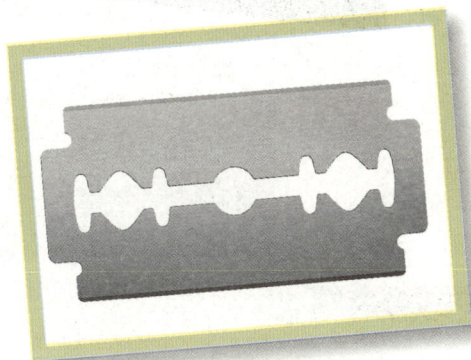
⬆ 钢片刀

吉列的想法

1895年，美国人吉列提出了一个想法。他取了一小段钢刀片，装配在一个连着柄的夹子中。当刀片不锋利了，就扔掉它，然后再装上另一片。因为刀片始终夹在夹子中，所以再锋利用起来都很安全。

吉列的成功

1901年，吉列组建了一家制造新剃须刀的公司。第二年，他们排除了大部分制造上的问题。1903年，吉列销售了51把剃须刀、168片刀片。到1904年，销售数字上升到9万把剃须刀和1 240万片刀片。

⬆ 吉列的公司

银幕再现生活
yín mù zài xiàn shēng huó

电 影
diàn yǐng

↑ 放电影

1872，两个美国人争论马奔跑时的姿势，请人用24架照相机，同步拍摄马的奔跑。这件事启发了一个叫马莱的人，他在1888年制造出一种轻便的"固定底片连续摄影机"，这就是现代摄影机的鼻祖。摄影机的出现，为电影的拍摄铺平了道路。

国家	法国
发明时间	1895年
发明者	卢米埃尔兄弟
类别	文化娱乐

电影的诞生
diàn yǐng de dàn shēng

1895年12月28日，法国人卢米埃尔兄弟在巴黎的"大咖啡馆"放映《火车到站》的影片，标志着电影的诞生。卢米埃尔兄弟被尊为"电影之父"。

↑ 卢米埃尔兄弟

↓ 卢米埃尔兄弟宣传放映电影的一幅宣传画

传入中国

1896年，电影第一次在中国放映。中国摄制的第一部影片——1905年秋由北京丰泰照相馆与京剧名角谭鑫培合作拍摄的京剧片断《定军山》，为戏曲记录片。它标志着中国电影的正式诞生。

《定军山》是中国的第一部影片 ➡

有声电影

真正的有声电影产生于1927年10月23日。美国生产的第一部有声电影《爵士乐歌手》获得成功，这是电影艺术发展旅途中的一次重大革命。中国第一部有声电影拍摄于1931年3月，是上海明星公司拍摄的《歌女红牡丹》。

⬆ 第一部有声电影《爵士乐歌手》

电影的世界第一

沃尔特·迪士尼在1928年推出世界第一部有声卡通《汽船威利号》，又于1932年推出世界第一部彩色卡通《花与树》；世界第一部动画电影《白雪公主》；世界上第一部水墨动画片《小蝌蚪找妈妈》；世界第一部三维电脑动画片《玩具总动员》。

⬆ 沃尔特·迪士尼

tīng zhàng rén hǎo bāng shou
听障人好帮手

zhù tīng qì
助听器

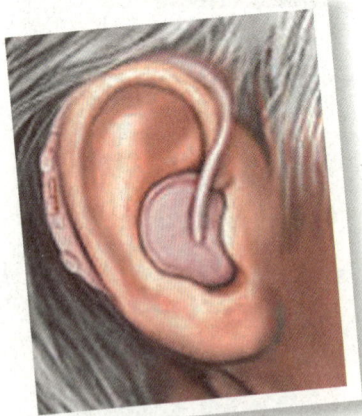

zhù tīng qì jiù shì yī gè diàn shēng fàng dà qì tōng guò tā
助听器就是一个电声放大器，通过它
jiāng shēng yīn fàng dà shǐ tīng zhàng rén tīng dào le yuán lái tīng bù qīng
将声音放大使听障人听到了原来听不清
chu tīng bù dào de shēng yīn tā de chū xiàn gěi tīng jué quē xiàn
楚、听不到的声音。它的出现，给听觉缺陷
huàn zhě dài lái le fú yīn
患者带来了福音。

⬆ 助听器

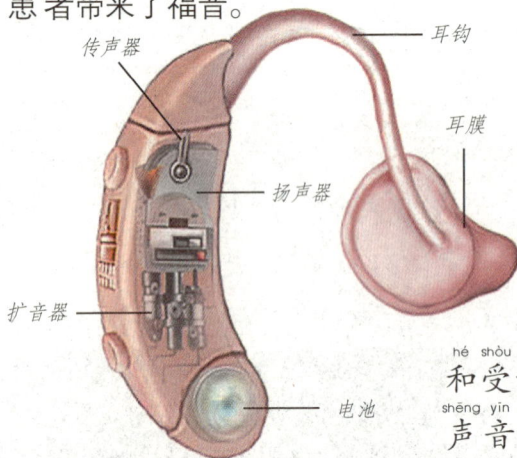

耳钩

传声器

耳膜

扬声器

扩音器

电池

⬆ 助听器结构

yuán lǐ hé gòu zào
原理和构造

zhù tīng qì de yuán lǐ qí shí hěn jiǎn
助听器的原理其实很简
dān jiù shì bǎ shēng yīn biàn dà ràng rén
单，就是把声音变大，让人
néng tīng jiàn zhù tīng qì yóu sān gè bù fen zǔ
能听见。助听器由三个部分组
chéng chuán shēng qì huà tǒng fàng dà qì
成：传声器（话筒）、放大器
hé shòu huà qì ěr jī chuán shēng qì bǎ wài jiè
和受话器（耳机）。传声器把外界
shēng yīn zhuǎn biàn wéi diàn xìn hào shū rù fàng dà qì jiāng
声音转变为电信号，输入放大器将
shēng yīn fàng dà zài tōng guò shòu huà qì shū chū rén jiù
声音放大，再通过受话器输出，人就
néng tīng jiàn le
能听见了。

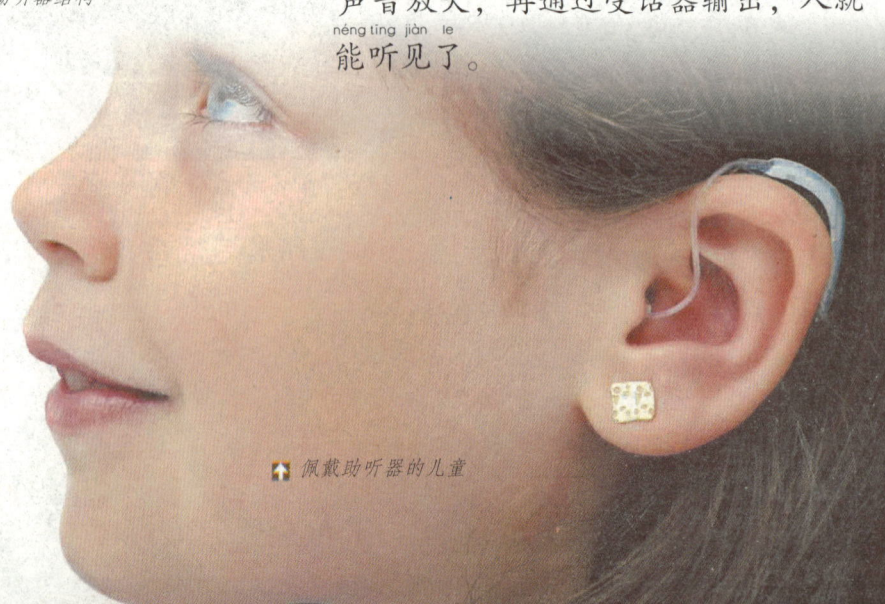

⬆ 佩戴助听器的儿童

谁发明了助听器

最原始最简单的助听器就是把手张开，放到耳朵背后，起到助听的作用。后来还有各种各样的土助听器，都不知道是谁发明的。1878年，美国科学家贝尔发明了第一台炭精式助听器。

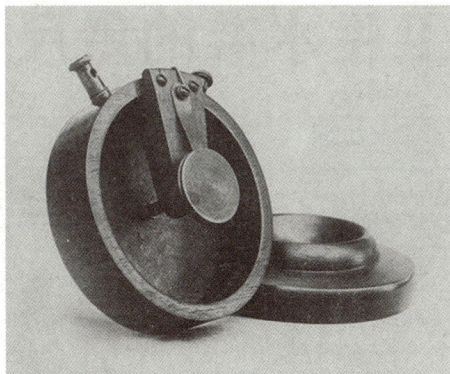
⬆ 第一台炭精式助听器

品种多样

1890年，奥地利科学家费迪南德·奥尔特制造出了第一代电子管助听器。后来经过不断的改进，现在有了耳内式、耳背式、盒式、眼镜式、发卡式、钢笔式、无线式等多种形式的助听器，而且助听效果也明显提高。

⬆ 电子助听器

助听器很娇气

佩戴助听器要注意保养，这是因为助听器很"娇气"，它有"三怕"——怕脏、怕潮和怕震三个毛病。所以首先要避免耳垢掉到里面，其次要做好防潮工作，最后要避免震荡。

国　家	奥地利
发明时间	1890年
发明者	费迪南德·奥尔特
类　别	医疗器械

卫生水准的量尺

wèi shēng shuǐ zhǔn de liáng chǐ

chōu shuǐ mǎ tǒng
抽水马桶

shēng huó zài chéng shì li de xiàn dài rén hěn nán xiǎng xiàng
生活在城市里的现代人很难想象，
guò qù rén men shàng cè suǒ shì fēi cháng nán shòu de shì qing　nà shí
过去人们上厕所是非常难受的事情，那时
hòu méi yǒu chōu shuǐ mǎ tǒng　cè suǒ qì wèi hěn nán wén　bì xū
候没有抽水马桶，厕所气味很难闻，必须
jiàn zài fáng zi wài miàn　xiàn zài yǒu le chōu shuǐ mǎ tǒng　cè suǒ
建在房子外面。现在有了抽水马桶，厕所
jiàn zài le wū nèi　jì fāng biàn yòu gān jìng
建在了屋内，既方便又干净。

⬆ 世界上第一个抽水马桶与储水池相连，可以装在房子里。

国家	英国
发明时间	1584—1591年
发明者	约翰·哈林顿
类别	生活用品

⬇ 老式马桶

埃杰克斯
āi jié kè sī

āi jié kè sī shì 《hé mǎ shǐ shī》 zhōng
埃杰克斯是《荷马史诗》中
yí wèi yīng xióng de míng zi　dàn shì zài
一位英雄的名字，但是在1584—
nián jiān　bèi yīng guó yí wèi míng jiào yuē
1591年间，被英国一位名叫约
hàn　hā lín dùn de jiào shì mìng míng chéng le mǎ tǒng
翰·哈林顿的教士命名成了马桶
de míng zi　yīn wèi tā shè jì chū le shì jiè shang
的名字，因为他设计出了世界上
dì yì zhī chōu shuǐ mǎ tǒng　bù guò dāng shí de rén
第一只抽水马桶。不过当时的人
men hái shì xǐ huan shǐ yòng biàn hú
们还是喜欢使用便壶。

⬆ 约翰·哈林顿

获得专利

到了1775年，有个叫亚历山大·卡明斯的钟表匠，改进了哈林顿的设计，研制出冲水型抽水马桶，并首次获得了专利权。

浮球阀　　　　　　　浮球

冲洗杆

抬起线

插板阀

阀座

溢流管

⬆ 抽水马桶的原理

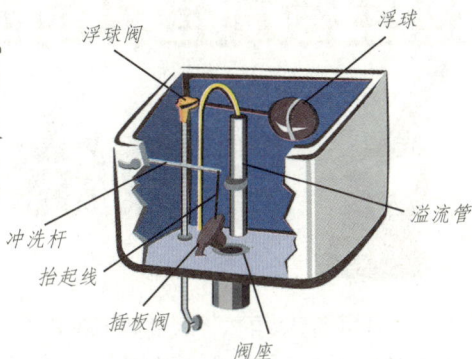

⬆ 冲水型抽水马桶

标准马桶

1889年，英国水管工人托马斯·克拉普发明了冲洗式抽水马桶。这种马桶采用储水箱和浮球，结构简单，使用方便。从此，抽水马桶的结构形式基本上定了下来。

卫生水准的量尺

在当今世界上，抽水马桶已被公认为"卫生水准的量尺"。英国人发明抽水马桶是对人类社会的一大贡献。

⬇ 现在的抽水马桶

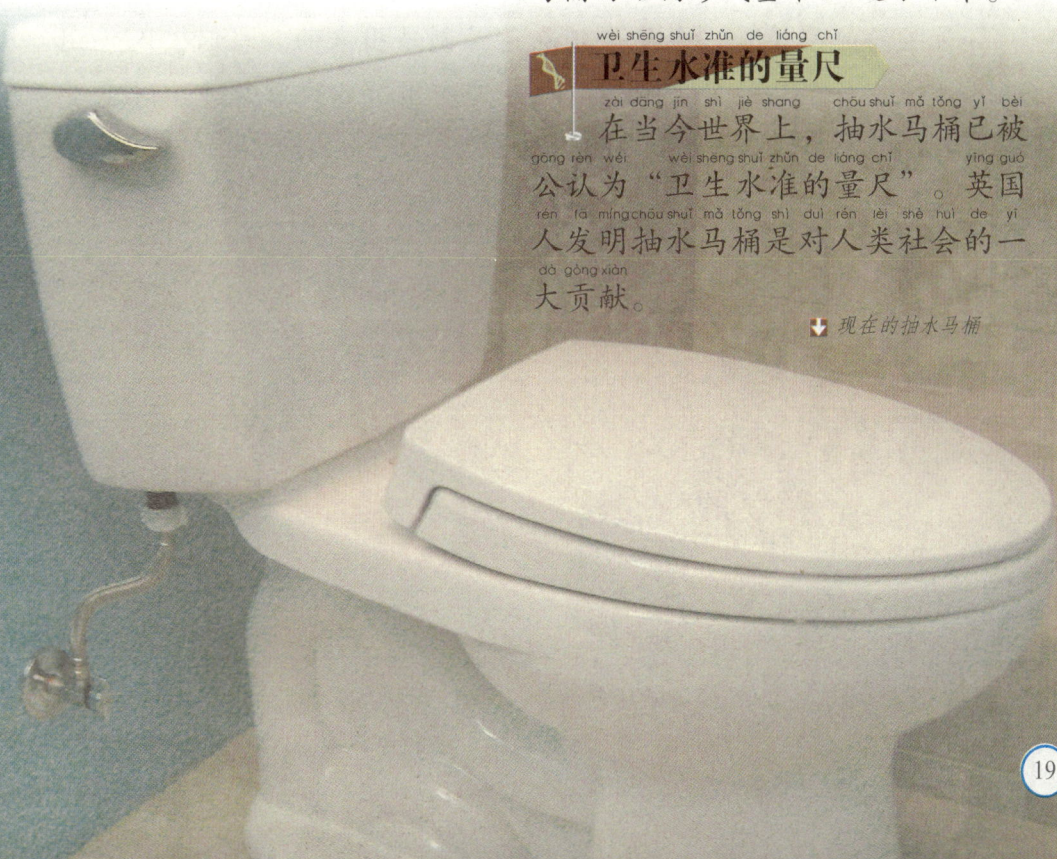

通往微观世界的眼睛

显微镜

16世纪以前，人们的视野仅限于宏观世界。只有显微镜出现以后，细胞才被人们发现。显微镜是由一个透镜或几个透镜组合构成的一种光学仪器，主要用于观测微小物体。是人类最伟大的发明之一。

▲ 列文虎克的显微镜

诞生于荷兰

最早的显微镜是16世纪末期在荷兰制造出来的。当时，人们用两片透镜制作了简易的显微镜，但并没有用这些仪器做过任何重要的观察。而列文·虎克则用他磨制的透镜看到了许多肉眼所看不见的微小植物和动物。

↓ 列文·虎克

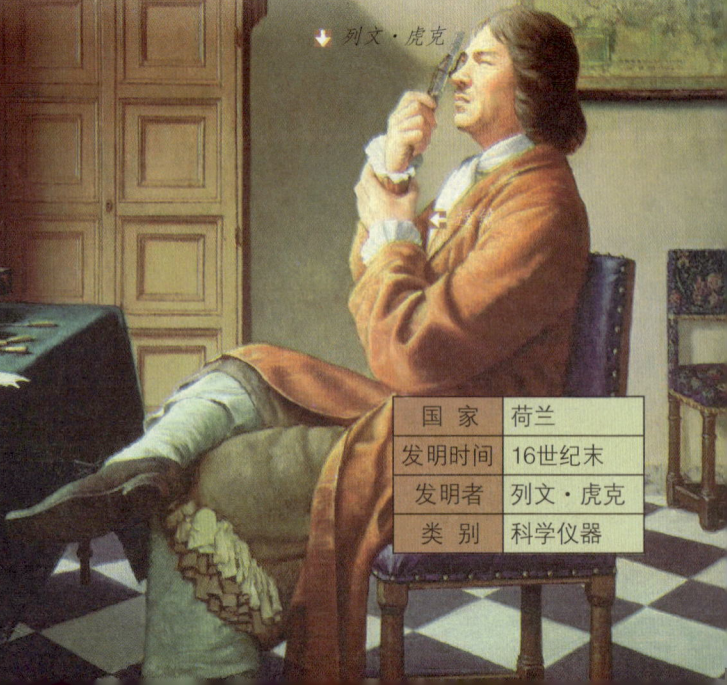

国 家	荷兰
发明时间	16世纪末
发明者	列文·虎克
类 别	科学仪器

第一次使用

第一个使用显微镜的是意大利科学家伽利略。他通过显微镜观察一种昆虫后，第一次对它的复眼进行了描述。

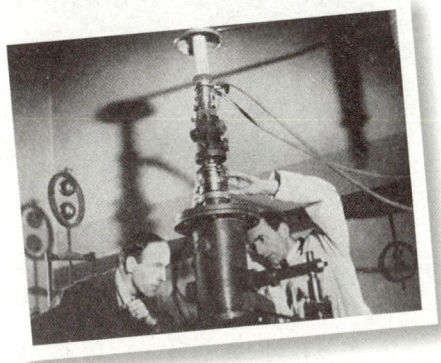
↑ 伽利略

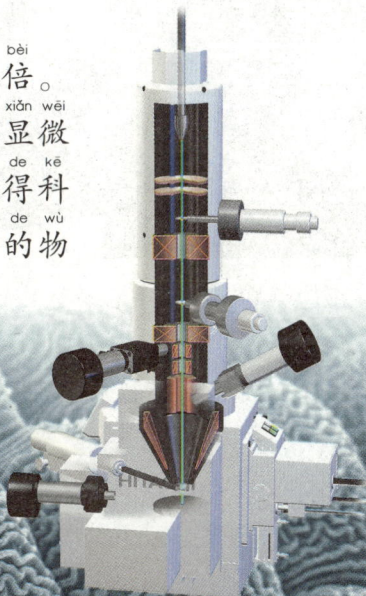
↑ 显微镜

↑ 杨森父子首创的光学显微镜

光学显微镜

显微镜分光学显微镜和电子显微镜：光学显微镜是在1590年由荷兰的杨森父子所首创。现在的光学显微镜可把物体放大1 600倍，分辨的最小极限达0.1微米。

电子显微镜

电子显微镜可把物体放大到200万倍。1931年，恩斯特·鲁斯卡通过研制电子显微镜，使生物学发生了一场革命。这使得科学家能观察到像百万分之一毫米那样小的物体。1986年他被授予诺贝尔奖。

电子显微镜 ➡

了解世界的望远镜
liǎo jiě shì jiè de wàng yuǎn jìng

电 视
diàn shì

↑ 老式的电视机

电视从诞生到现在有近一百年的历史，在这短短的一百年时间里，电视从无到有，从简单到复杂，从产品单一到丰富多彩，经历了翻天覆地的变化。而电视的发明也是不同时期、不同国度的研究者共同努力的结果。

共同的努力

1883年圣诞节，德国电气工程师尼普科夫用他发明的"尼普科夫圆盘"，使用机械扫描方法，做了首次发射图像的实验。1908年，英国人肯培尔·斯文顿、俄国人罗申克夫提出电子扫描原理，为电视技术奠定了理论基础。

↑ 尼普科夫圆盘和他发明的扫描盘

国　家	英国
发明时间	1925年
发明者	约翰·洛吉·贝尔德
类　别	家用电器

← 1954年第一台彩色电视机

技术基础

1923年，电视的发明者之一美国人斯福罗金发明了电视技术的核心部件——电子扫描式显像管，并申请了电视发射器及电视接收器的专利。他首次采用全面性的"电子电视"发收系统，成为现代电视技术的先驱。

▲ 美国人斯福罗金

▲ 1925年，贝尔德的机械电视问世并传送的图像。

电视机诞生

1925年10月，英国人贝尔德将一个人的图像发射到了屏幕上，而且十分逼真，眼睛、嘴巴甚至眉毛和头发都清晰可见。一架有实用意义的电视机宣告诞生了。

技术发展

1931年，伦敦市民通过电视欣赏了英国著名的地方赛马会实况转播。而美国人费罗·法恩斯沃斯还发明了每秒种可以映出25幅图像的电子管电视装置。从此以后，彩色电视、数字电视、网络电视、液晶电视相继出现，电视技术的发展进步日新月异。

▲ 1938年美国制造的第一台电子电视机。

◀ 尺寸不同的液晶电视

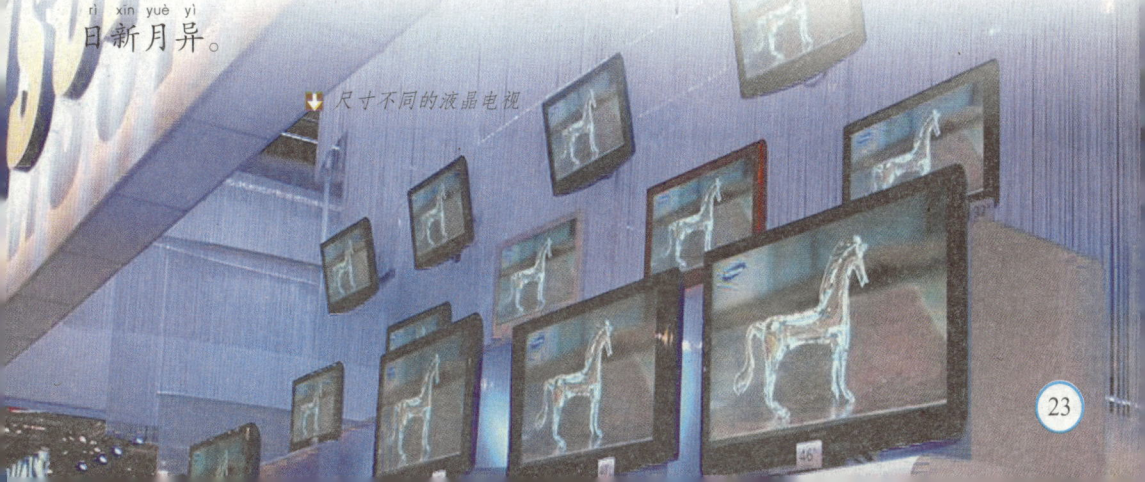

妇女的好帮手

fù nǚ de hǎo bāng shou

洗衣机
xǐ yī jī

洗衣机就是专门用来代替人们
xǐ yī jī jiù shì zhuān mén yòng lái dài tì rén men

洗衣服的机器。它的出现，让始 终
xǐ yī fu de jī qì　tā de chū xiàn　ràng shǐ zhōng

被繁忙家务纠缠的妇女真 正意义
bèi fán máng jiā wù jiū chán de fù nǚ zhēn zhèng yì yì

上 获得了解放。
shang huò dé le jiě fàng

⬆ 洗衣机没有出现之前，洗衣是一件繁
重的家务劳动。

世界上第一台洗衣机
shì jiè shang dì yī tái xǐ yī jī

1858年，一个叫汉密尔顿·史密斯的
nián　yí gè jiào hàn mì ěr dùn　shǐ mì sī de

美国人在匹兹堡制成了世界上第一台洗衣
měi guó rén zài pǐ zī bǎo zhì chéng le shì jiè shang dì yī tái xǐ yī

机，开启了用机器洗衣的时代。他采用一个
jī　kāi qǐ le yòng jī qì xǐ yī de shí dài　tā cǎi yòng yī gè

竖立的木桶，桶内装一根带有桨状叶子的
shù lì de mù tǒng　tǒng nèi zhuāng yì gēn dài yǒu jiǎng zhuàng yè zi de

直轴，用手摇曲柄去转动它来达到净衣的目
zhí zhóu　yòng shǒu yáo qū bǐng qù zhuàn dòng tā lái dá dào jìng yī de mù

的，但是费力又伤衣服，没有广泛使用。
dì　dàn shì fèi lì yòu shāng yī fu　méi yǒu guǎng fàn shǐ yòng

⬆ 史密斯的洗衣机仅仅是在
一定程度上减轻了人力。

国　家	美国
发明时间	1858年
发明者	汉密尔顿·史密斯
类　别	家用电器

木制手摇洗衣机

　　1874年，美国人比尔·布莱克斯发明了木制手摇式洗衣机。布莱克斯在木桶里装上6块叶片，用手柄和齿轮传动，使衣服在桶内翻转，从而达到"净衣"的目的。1880年，美国出现了蒸汽洗衣机，蒸汽动力开始取代人力。

⬆ 木制手摇式洗衣机

洗衣机的改进

　　1911年，电动洗衣机在美国问世，标志着人类家务劳动自动化的开端。1922年，搅拌式洗衣机研制成功，受到人们的普遍欢迎。1933年滚筒洗衣机在美国问世，洗涤、漂洗、脱水在同一个滚筒内完成。洗衣机朝自动化又前进了一大步！

⬆ 滚筒洗衣机

全自动、智能化洗衣机

　　现在，市场上又出现了全自动洗衣机。设计人员将洗衣的全过程：浸泡、洗涤、漂洗、脱水预先设定好一系列程序，洗衣时选择其中一个程序，打开水龙头和启动洗衣机开关后，洗衣的全过程就会自动完成。

电风扇的替代品

空调 kōng tiáo

空调即空气调节器，它不光是调节温度，还对室内空气的湿度、洁净度和空气流速等进行调节，以让人感到舒适，也有用于食物、药品等储藏的。

↑ 空调

制冷之父

被称为"制冷之父"的美国发明家开利于1902年为一家造纸厂设计并安装了第一部空调系统。开利的专利1906年注册。20世纪20年代以前，享受空调的一直都是机器，而不是人。

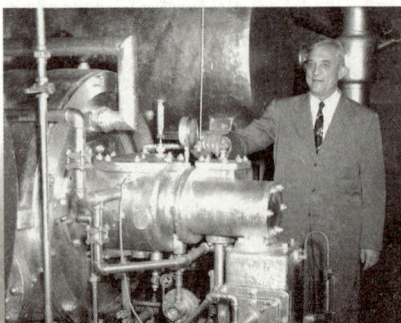

↑ "制冷之父"——威利斯·开利

国　家	美国
发明时间	1902年
发明者	开利
类　别	家用电器

工作原理
gōng zuò yuán lǐ

空调一般使用的制冷剂是
kōng tiáo yì bān shǐ yòng de zhì lěng jì shì

氟利昂。氟利昂的特性是：由气
fú lì áng　fú lì áng de tè xìng shì　yóu qì

态变为液态时，释放大量的热
tài biàn wéi yè tài shí　shì fàng dà liàng de rè

量。而由液态转变为气态
liàng　ér yóu yè tài zhuǎn biàn wéi qì tài

时，会吸收大量的热量。
shí　huì xī shōu dà liàng de rè liàng

空调就是据此原理而设计的。
kōng tiáo jiù shì jù cǐ yuán lǐ ér shè jì de

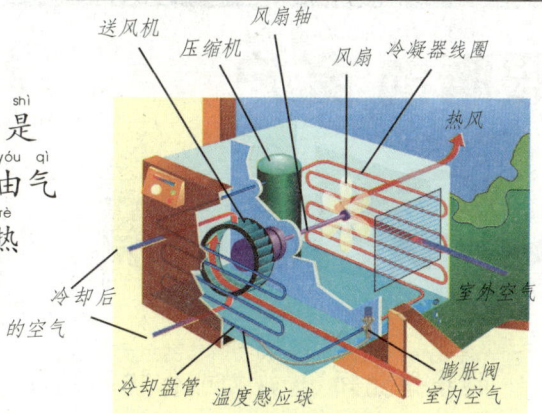

送风机　压缩机　风扇轴　风扇　冷凝器线圈

热风

冷却后
的空气　　　　　　　　室外空气

冷却盘管　温度感应球　膨胀阀　室内空气

▲ 空调的结构图

▲ 早期的空调

商业普及
shāng yè pǔ jí

1924年，底特律的一家商场，
nián　dǐ tè lǜ de yì jiā shāng chǎng

常因天气闷热而有不少人晕倒，安
cháng yīn tiān qì mēn rè ér yǒu bù shǎo rén yūn dǎo　ān

装了三台中央空调，结果生意非
zhuāng le sān tái zhōng yāng kōng tiáo　jié guǒ shēng yì fēi

常火爆，电影院也效仿，结果，夏
cháng huǒ bào　diàn yǐng yuàn yě xiào fǎng　jié guǒ　xià

季也取代了冬季成为看电影的高峰
jì yě qǔ dài le dōng jì chéng wéi kàn diàn yǐng de gāo fēng

季节。
jì jié

进入寻常百姓家
jìn rù xún cháng bǎi xìng jiā

以后随着科技的进步，现代的空
yǐ hòu suí zhe kē jì de jìn bù　xiàn dài de kōng

调逐步具备了变频、节能、环保等新
tiáo zhú bù jù bèi le biàn pín　jié néng　huán bǎo děng xīn

功能，而且空调的成本不断降低，
gōng néng　ér qiě kōng tiáo de chéng běn bù duàn jiàng dī

普通家庭成了空调的消费主体。
pǔ tōng jiā tíng chéng le kōng tiáo de xiāo fèi zhǔ tǐ

▲ 空调在我们生活中越来越普及

眼睛的窗户
yǎn jīng de chuāng hu

眼 镜
yǎn jìng

眼镜是为矫正视力或保护眼睛而
yǎn jìng shì wèi jiǎo zhèng shì lì huò bǎo hù yǎn jīng ér

制作的简单光学器件。由镜片和镜架
zhì zuò de jiǎn dān guāng xué qì jiàn yóu jìng piàn hé jìng jià

组成。矫正视力用的眼镜有近视眼
zǔ chéng jiǎo zhèng shì lì yòng de yǎn jìng yǒu jìn shì yǎn

镜、远视眼镜、老花眼镜以及散光眼
jìng yuǎn shì yǎn jìng lǎo huā yǎn jìng yǐ jí sǎn guāng yǎn

镜四种。
jìng sì zhǒng

➡ 眼镜在我们的生活中随处可见

眼镜的来历
yǎn jìng de lái lì

世界上第一个眼镜出现在13世
shì jiè shang dì yī gè yǎn jìng chū xiàn zài shì

纪意大利的佛罗伦萨。1784年，美国
jì yì dà lì de fó luó lún sà nián měi guó

科学家富兰克林发明了远近视两用眼
kē xué jiā fù lán kè lín fā míng le yuǎn jìn shì liǎng yòng yǎn

镜。1825年，英国天文学家乔治·艾
jìng nián yīng guó tiān wén xué jiā qiáo zhì ài

利发明了能矫正散光的眼镜。我国
lì fā míng le néng jiǎo zhèng sǎn guāng de yǎn jìng wǒ guó

在明朝万历年间就出现了眼镜，清嘉
zài míng cháo wàn lì nián jiān jiù chū xiàn le yǎn jìng qīng jiā

庆年间眼镜已经得到普及。
qìng nián jiān yǎn jìng yǐ jīng dé dào pǔ jí

⬆ 戴眼镜的富兰克林

国　家	意大利
发明时间	13世纪
发明者	不详
类　别	生活用品

眼镜的材料

自13世纪人类发明镜片以来，一直用水晶玻璃磨制镜片，中国也使用人造水晶。后来使用玻璃镜片。1954年法国人发明了树脂镜片，不易破碎，清晰度又高，这种镜片便一直沿用到今天。

⬆ 树脂眼镜很轻，透光性好，而且耐磨，抗冲击性也较强。

隐形眼镜的发明

1845年，英国人赫尔奇发现在玻璃和眼睛中间注入透明的动物胶质置于角膜表面，可以短暂矫正患者视力。1887年，德国科学家成功制造出第一只隐形眼镜。

⬆ 隐形眼镜可以使人们摆脱镜架的束缚

最早发明的的隐形眼镜 ➡

太阳镜

太阳镜又叫墨镜，它的出现，使眼镜的功能不仅仅局限在矫正视力上，而是扩大到调节光线的更大范围。太阳镜可以阻挡紫外线和红外线。

⬆ 各种颜色的太阳镜

新科技泳衣

"鲨鱼皮"泳衣

鲨鱼皮泳衣又叫快皮，是一种模仿鲨鱼皮肤制作的高科技泳衣，它能够减少水与泳者在水中的摩擦系数，让泳者具有更快的速度。

鲨鱼皮泳衣在悉尼奥运会上风靡，有83%的参赛选手选择身穿鲨鱼皮参加比赛。➡

快皮的短暂命运

2000年悉尼奥运会，伊恩·索普穿着鲨鱼皮泳衣一举夺得3枚金牌，使得鲨鱼皮泳衣名震泳界。但是，专家们认为这种鲨鱼皮泳衣的应用违背了比赛不借助外力的本质。2009年，国际泳联决定从2010年起禁止在比赛中使用高科技泳衣。

国家	美国
发明时间	1999年
发明者	Speedo公司
类别	新材料

⬆ 穿着快皮游泳，不仅速度快了，而且节省力气。

服装玩智能
fú zhuāng wán zhì néng

智能服装
zhì néng fú zhuāng

智能服装是一种高科技服装，不光有遮体御寒的功能，而且还可以具备其他一些功能，比如，和MP3结合起来，和计算机结合起来。当然，这都依托现在电子技术的发展。

▲ 智能西装

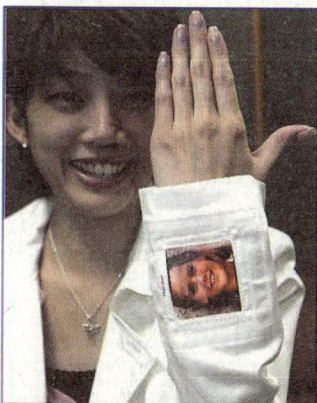

▲ 可以穿在身上的电脑

新概念服装
xīn gài niàn fú zhuāng

把传统的服装业，现代电子技术以及其他领域结合起来，会给我们带来意想不到的作用。在这方面，许多国家已经付诸实施，例如，美国乔治亚州科技学院研发的心率呼吸检测服就能检测人的心跳和呼吸频率。

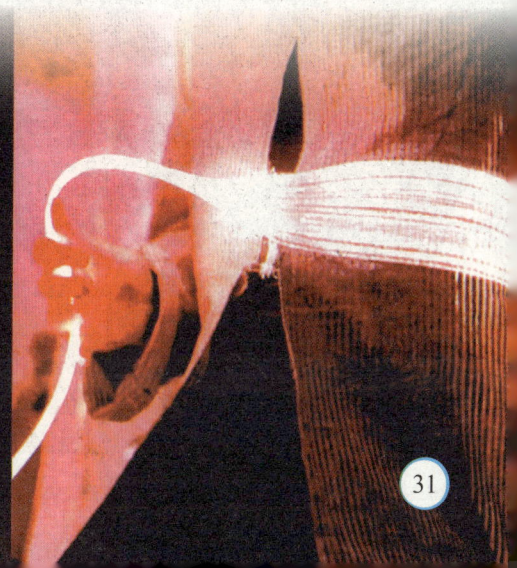

让你成为哈利·波特
ràng nǐ chéng wéi hā lì bō tè

隐形衣
yǐn xíng yī

隐形衣是由特殊材料制成的，
yǐn xíng yī shì yóu tè shū cái liào zhì chéng de
这种材料是金属和线路板材料的混
zhè zhǒng cái liào shì jīn shǔ hé xiàn lù bǎn cái liào de hùn
和物，在最理想的状态下，观察者
hé wù zài zuì lǐ xiǎng de zhuàng tài xià guān chá zhě
可以看见周围的事物，但却看不到被
kě yǐ kàn jiàn zhōu wéi de shì wù dàn què kàn bù dào bèi
隐形衣遮盖的物体。
yǐn xíng yī zhē gài de wù tǐ

⬆ 隐形斗篷

你也会像哈利·波特
nǐ yě huì xiàng hā lì bō tè

最理想的隐形衣不但要像
zuì lǐ xiǎng de yǐn xíng yī bù dàn yào xiàng
海市蜃楼一样，更要让被隐藏
hǎi shì shèn lóu yí yàng gèng yào ràng bèi yǐn cáng
物变得透明才算成功。不过，
wù biàn de tòu míng cái suàn chéng gōng bù guò
最近由欧洲科学家研究出的隐
zuì jìn yóu ōu zhōu kē xué jiā yán jiū chū de yǐn
形斗篷已经达到了这种效果。
xíng dǒu péng yǐ jīng dá dào le zhè zhǒng xiào guǒ
也许在不久的将来，你也会像
yě xǔ zài bù jiǔ de jiāng lái nǐ yě huì xiàng
哈利·波特一样可以隐形。
hā lì bō tè yí yàng kě yǐ yǐn xíng

⬆ 美英科学家新研制的"隐形衣"外形
如同一条黄色的浴巾。

国家	日本
发明时间	近期
发明者	未知
类别	新材料

天衣无缝
tiān yī wú fèng

喷罐布料
pēn guàn bù liào

xī bān yá shè jì shī mǎ ní ěr tuō léi sī
西班牙设计师马尼尔·托雷斯
fā míng le yī zhǒng pēn guàn miàn liào zhè zhǒng
发明了一种"喷罐面料",这种
pēn guàn miàn liào yóu mián xiān wéi sù jiāo jù hé
"喷罐面料"由棉纤维、塑胶聚合
wù hé kě róng jiě huà xué chéng fèn de róng jì zǔ chéng
物和可溶解化学成分的溶剂组成,
ràng rén men gào bié yī fu bù hé shēn dài lái de fán nǎo
让人们告别衣服不合身带来的烦恼。

▲ 喷制形成的T恤

▼ 喷罐面料裙子时装发布会上亮相

fāng biàn de miàn liào
方便的面料

zhǐ yào jiāng pēn zuǐ duì zhǔn shēn tǐ qīng qīng yī
只要将喷嘴对准身体轻轻一
pēn yī jiàn yī fu jiù tiān yī wú fèng de chuān
喷,一件衣服就"天衣无缝"地穿
dào shēn shang jiě jué le yī fu bù hé shēn de wèn
到身上,解决了衣服不合身的问
tí ér qiě zhè yàng de yī fu hái bù yòng féng bǔ hé
题,而且这样的衣服还不用缝补和
niǔ kòu hěn fāng biàn chuān zhè yàng de yī fu jiù xiàng
纽扣,很方便。穿这样的衣服就像
gěi rén shēn shang pēn qī yī yàng zhǐ yào jiāng róng jì pēn
给人身上喷漆一样,只要将溶剂喷
dào shēn shang mǎ shàng jiù gān le hái bù shì yī cì
到身上,马上就干了,还不是一次
xìng de néng shuǐ xǐ néng chóng fù chuān
性的,能水洗,能重复穿。

新概念背包

xīn gài niàn bēi bāo

发电背包

fā diàn bēi bāo

⬆ *发电背包*

发电背包即太阳能背包，通过
放在背包外面的太阳能电池板将
光能转换为电能，包里面有蓄电
池。

❖ 原理

yuán lǐ

太阳能背包的原理是将
太阳能的能量转换为电能存
储在太阳能背包的内置电池
里，在需要时，太阳能背包
里的蓄电池将电能输出，给
手机、电脑、音乐播放器充
电。太阳能电池板的质量决
定了蓄电的多少。

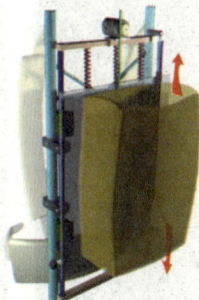

⬅ *发电背包结构原理图*

国家	美国
发明时间	2005年
发明者	宾夕法尼亚大学科学家
类别	生活用品

最安全的锁具

指纹锁

指纹锁是一种能够识别指纹的电子智能锁具，开门时，主人只需将指纹在门上扫描一下，门就会自动打开。指纹锁一般由电子识别与控制、机械联动系统两部分组成。

⬆ 指纹锁

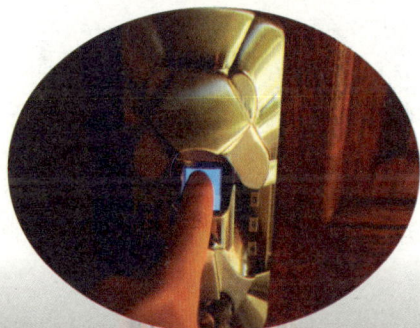

最安全方便的锁具

人的指纹已经被证实具有唯一性和不可复制性，这决定了指纹锁是目前所有锁具中最为安全和理想的锁种，因为它省去了人必须随身携带钥匙和锁具识别钥匙的麻烦。

防水的衣服
fáng shuǐ de yī fu

雨 衣
yǔ yī

xià yǔ de shí hou wǒ men dōu huì dài bǎ yǔ sǎn
下雨的时候我们都会带把雨伞，
dàn yǒu shí hou dài sǎn hěn bù fāng biàn   lì rú qí chē zi
但有时候带伞很不方便，例如骑车子
de shí hou   zhè ge shí hou   yǔ yī biàn chéng le rén
的时候。这个时候，雨衣便成了人
men fáng yǔ de zhǔ yào gōng jù
们防雨的主要工具。

⬆ 雨衣

蓑衣
suō yī

⬆ 最原始的雨衣

zài wǒ guó gǔ dài   rén men yòng suō cǎo biān zhī chéng yī
在我国古代，人们用蓑草编织成衣
kù   zài dài shàng cǎo mào   zhè biàn shì zuì yuán shǐ de yǔ yī
裤，再戴上草帽，这便是最原始的雨衣
le   rén men xí guàn jiào tā suō yī   suō yī zuì zǎo chū xiàn yú
了，人们习惯叫它蓑衣。蓑衣最早出现于
zhōu dài   zhí dào   shì jì   nián dài xiàn dài yǔ yī liú xíng yǐ
周代，直到20世纪70年代现代雨衣流行以
hòu cái tuì chū lì shǐ wǔ tái
后才退出历史舞台。

⬇ 下雨天穿上雨衣
很方便

国家	英国
发明时间	1884年
发明者	帕克斯
类别	生活用品

麦金杜斯

在英语里面，雨衣叫作"麦金杜斯"。这是为了纪念一个叫"麦金杜斯"的英国橡胶厂工人。麦金杜斯不小心把橡胶溶液滴到了衣服上。他发现涂了橡胶溶液的地方却不透水。索性给衣服全涂上橡胶，成为"胶布雨衣"。

↑ "胶布雨衣"

↑ 帕克斯

橡胶雨衣

麦金杜斯的胶布雨衣很粗糙，穿上很不舒服，到1884年，帕克斯才发明了用二硫化碳做溶剂，溶解橡胶，制做防水用品的技术，并申请了专利权。

现代雨衣

进入20世纪后，塑料和各种防水布料的出现，使雨衣的款式和色彩变得日益丰富了。现在市面上出现了一种不沾水的雨衣，这种雨衣也代表了现在较高的科技水平。

↑ 款式不同的雨衣

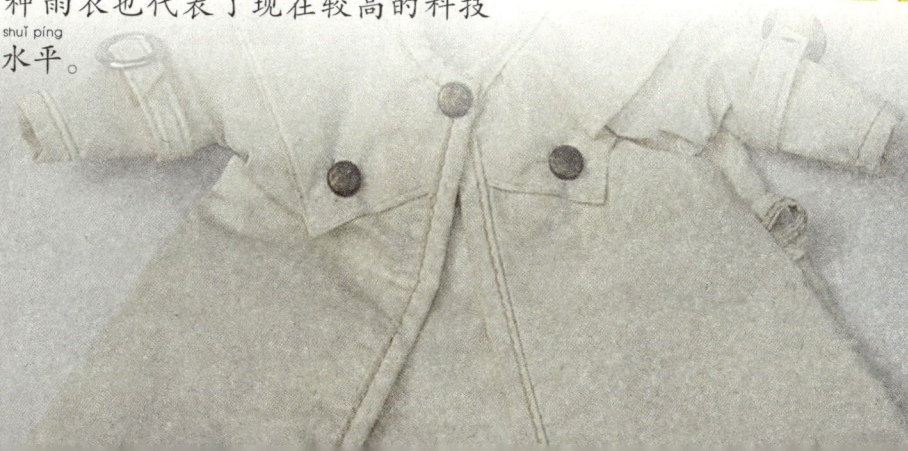

最聪明的闹钟

zuì cōng míng de nào zhōng

智能闹钟

zhì néng nào zhōng

星期天早上睡得正香的
xìng qī tiān zǎo shang shuì de zhèng xiāng de

时候，我们最怕的就是忘记关
shí hou　wǒ men zuì pà de jiù shì wàng jì guān

掉闹铃，当你紧紧张张地穿
diào nào líng　dāng nǐ jǐn jǐn zhāng zhāng de chuān

衣起床的时候，才突然想起，
yī qǐ chuáng de shí hou　cái tū rán xiǎng qǐ

今天是星期天！现在，有一种闹
jīn tiān shì xīng qī tiān　xiàn zài　yǒu yì zhǒng nào

钟，让你无后顾之忧。
zhōng　ràng nǐ wú hòu gù zhī yōu

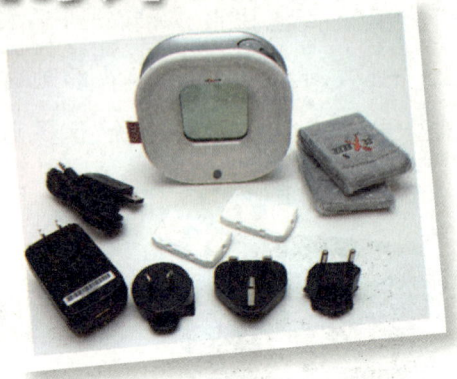

⬆ Axbo智能闹钟的所有配件

⬆ Axbo智能闹钟曾连获红点和IF
等国际设计大奖

聪明的闹钟
cōng míng de nào zhōng

这种闹钟，最大的特点就是它
zhè zhǒng nào zhōng　zuì dà de tè diǎn jiù shì tā

很聪明，它能够感知你的睡眠深浅程
hěn cōng míng　tā néng gòu gǎn zhī nǐ de shuì mián shēn qiǎn chéng

度，而且会在星期天主动不去打扰
dù　ér qiě huì zài xīng qī tiān zhǔ dòng bù qù dǎ rǎo

你，但也不会耽误你的事，它会在你
nǐ　dàn yě bù huì dān wu nǐ de shì　tā huì zài nǐ

快睡够了的时候叫醒你。
kuài shuì gòu le de shí hou jiào xǐng nǐ

国家	美国
发明时间	2004年
发明者	埃里克·沙舒瓦
类别	生活用品

不用胶卷的相机

bù yòng jiāo juǎn de xiàng jī

数码相机

shù mǎ xiàng jī

数码相机，是数码照相机的简
称。是当今最先进的照相机。它的
最大特点是不用胶卷。出远门旅游
就不用麻烦带很多胶卷。而且这种
相机拍照很清晰。

▶ 数码相机

数码相机的原理和分类

数码相机把光信号直接转化成数字信号储存起来，连接到电
脑再打印出来。数码相机分为单反数码相机和长焦相机。单反相机
指的是单镜头反光数码相机，特点是可以更换不同规格的镜头，而
且摄影质量明显高于普通数码相机。长焦相机最大的特点是能够拍
摄远景。

国家	美国
发明时间	1973年
发明者	史蒂文·赛尚
类别	电子产品

闪光灯

闪光传感器

感光元件（CCD）

数据接口

反光镜

◀ 数码相机
的结构原理图

cháo rén xīn chǒng
潮人新宠

hé
iPhone和iPad

iPhone和iPad是苹果公司推出的两
款高科技产品。iPhone在手机销售方面
与iPad在电脑销售方面同样是苹果公司
的骄傲。

⬆ iPhone 5

⬆ 图分别为iPhone 3、iPhone 4、iPhone 5

iPhone

iPhone是当前全球市场上销
售最火爆的一款手机，它可以支
持无线上网、电邮、移动通话、
短信、微信以及其他的无线通信
服务。它没有键盘而是触摸屏界
面，在操作性上与其他品牌的手
机相比占据领先地位。

⬆ 随着科技的创新
iPhone 5逐渐出现了

iPad

iPad平板电脑也是苹果公司的最新产品，它集平板电脑、学习机功能于一身，且以超薄、超轻和大屏视频广受欢迎。

⬆ iPad平板电脑

⬆ 新版iPad 4

3G时代

新版iPhone推出了3G网络的应用，据说它的网络处理速度比上一代快了28倍。虽然增加了这么强大的功能，它的外观却没有太大改变，表面看起来和旧版机几乎一模一样，厚度降到了12.3毫米。

⬇ 新版iPhone推出后，手机界的3G时代来临了。

人类交通的先驱

rén lèi jiāo tōng de xiān qū

轮 子
lún zi

轮子是用不同材料制成的圆形
lún zi shì yòng bù tóng cái liào zhì chéng de yuánxíng
滚动物体，是车子和其他一些机器的
gǔn dòng wù tǐ shì chē zi hé qí tā yì xiē jī qì de
最重要部件。轮子是人类的重要发
zuì zhòng yào bù jiàn lún zi shì rén lèi de zhòngyào fā
明之一，在人类交通发展史上扮演
míng zhī yī zài rén lèi jiāo tōng fā zhǎn shǐ shangbàn yǎn
了重要角色。
le zhòngyào jué sè

↑ 现代的车轮

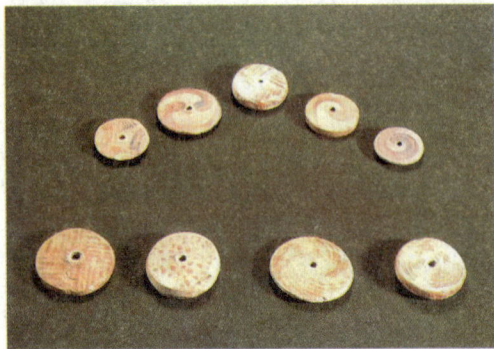

↑ 河南仰韶文化遗址出土的石制和陶制的
纺轮

↓ 4500年前，古埃及人建造金
字塔作为陵墓和神庙。成群的工人借
助滚的木头来撬动巨石。

早期的发明
zǎo qī de fā míng

轮子诞生距今大约有6 000
lún zi dàn shēng jù jìn dà yuē yǒu
年历史。最早的轮子是直接把
nián lì shǐ zuì zǎo de lún zi shì zhí jiē bǎ
木头或其他材料裁成圆盘形
mù tou huò qí tā cái liào cái chéng yuán pán xíng
状，中间挖个洞。但是，这
zhuàng zhōng jiān wā gè dòng dàn shì zhè
种轮子非常笨重。后来人们
zhǒng lún zi fēi cháng bèn zhòng hòu lái rén men
经过改进，挖出一个大洞，中间用
jīng guò gǎi jìn wā chū yī gè dà dòng zhōng jiān yòng
辐条相连，既不影响结实程度，又减轻
fú tiáo xiāng lián jì bù yǐngxiǎng jiē shi chéng dù yòu jiǎn qīng
了轮子自身重量。
le lún zi zì shēnzhòngliàng

国家	不详
发明时间	6 000~10 000年
发明者	古人
类别	交通工具

功能性增强

到公元前3000年时，轮子上已经装上了轴，但不和车身相连。后来才出现了装有轮辐的车轮，被用在运输笨重货物的马车上或战车上。在出土的美索不达米亚浮雕上可以清晰地看到士兵站在带辐条的战车上朝敌人射箭，杀死敌人。

▲ 美索不达米亚浮雕上的战车

▲ 约翰·邓洛普发明的第一个充气轮胎看上去极其简陋

充气轮胎

第一个空心轮子是1845年英国人罗伯特·汤姆逊发明的。他提出用压缩空气充入弹性囊，以缓和运动时的震动与冲击。1888年约翰·邓洛普制成了橡胶空心轮胎，随后托马斯又制造了带有气门开关的橡胶空心轮胎。这便是真正意义上的现代充气轮胎。

安全轮胎

但是普通充气轮胎一旦遭到外物刺扎后，便会很快漏气，很麻烦，也很危险。安全轮胎在遭到刺扎后，漏气非常缓慢甚至不会漏气，从而保证汽车能够长时间或者暂时稳定行驶。汽车装上这种轮胎后，安全性能大大提高。

▼ 安全轮胎

陆上飞将
lù shàng fēi jiàng

汽车
qì chē

↑ "汽车之父"——卡尔·本茨

汽车是一种重要的交通工具，它不像火车在轨道上行驶，也不像轮船在水里航行，更不像飞机在空中飞翔。它是在陆地上以可燃气体做动力的、自身装备动力驱动的运输车辆。

"汽车之父"
qì chē zhī fù

1885年，德国工程师卡尔·本茨制成了世界上第一辆三轮车，并于1886年1月29日申请并获得了发明专利。这一天也被定为汽车的诞生日。

↑ 世界上第一辆三轮车

国　家	德国
发明时间	1886年
发明者	卡尔·本茨
类　别	交通工具

四轮汽车

同样在1886年，另一位德国工程师戈特利布·戴姆勒成功研制出一辆以内燃机为动力的四轮汽车。

戴姆勒四轮车的最初模型

这就是当时第一辆全金属汽车

金属车

1900年，金属车身获得专利，但有意思的是，这辆车主体结构却是木材。直到1914年，道奇公司生产了第一辆全金属汽车。

现代汽车

今天的汽车早已看不到福特的粗糙、笨重。大量使用合金、碳纤维等新型材料，精细的视觉设计，使得款式更新颖、造型更别致。

现在的汽车造型非常时尚

钢铁巨龙

gāng tiě jù lóng

火车

huǒ chē

自从瓦特发明了蒸汽机以后，人
zì cóng wǎ tè fā míng le zhēng qì jī yǐ hòu rén
们加紧了对它的利用，创造出了各种
men jiā jǐn le duì tā de lì yòng chuàng zào chū le gè zhǒng
各样的动力机器。汽车和火车随后就
gè yàng de dòng lì jī qì qì chē hé huǒ chē suí hòu jiù
相继诞生了。火车是人类的重要交通
xiāng jì dàn shēng le huǒ chē shì rén lèi de zhòng yào jiāo tōng
工具。它行动起来，就像一条威风的
gōng jù tā xíng dòng qǐ lái jiù xiàng yì tiáo wēi fēng de
钢铁巨龙。
gāng tiě jù lóng

⬆ 特里维西克发明的火车

⬆ 正在轨道上行驶的蒸汽火车

最早的火车
zuì zǎo de huǒ chē

1808年英国人特里维西克在伦敦
nián yīng guó rén tè lǐ wéi xī kè zài lún dūn
建造了一条圆形的轨道，用蒸汽机车
jiàn zào le yì tiáo yuán xíng de guǐ dào yòng zhēng qì jī chē
牵引，专门用来拉客人。这是第一辆
qiān yǐn zhuān mén yòng lái lā kè rén zhè shì dì yī liàng
真正的载客火车，但当时人们并没有
zhēn zhèng de zài kè huǒ chē dàn dāng shí rén men bìng méi yǒu
认识到它的重要意义。
rèn shi dào tā de zhòng yào yì yì

国　家	英国
发明时间	1825年
发明者	史蒂芬孙
类　别	交通工具

第一列火车

1814年，英国人史蒂芬孙发明了第一台蒸汽机车。1825年，他制造的世界上第一列火车——"旅行"号试验成功。但是这台机车很慢，而且需要烧大量的煤和水，不宜远行。

⬆ 史蒂芬孙发明的第一辆火车

⬆ 内燃机火车

"火车"一词的由来

最初的汽车和火车其实是一样的，都叫蒸汽机车，因为当时使用煤炭或木柴做燃料，所以人们都叫它"火车"。火车的不同之处只在于它在轨道上行驶。

更先进的火车

1879年，德国西门子电气公司研制了第一台电力机车，不用烧大量的煤。1894年，德国研制成功了第一台汽油内燃机车。现在，人们又研制出了高速列车和动车以及磁悬浮列车，速度大大提高，而且让人感觉很舒服。

◀ 电力机车

huǒ chē zhuān yòng dào
火车专用道

tiě lù
铁 路

tiě lù shì gōng huǒ chē yùn xíng de zhuān yòng guǐ
铁路是供火车运行的专用轨
dào bǎ liǎng tiáo tiě guǐ àn zhào huǒ chē zuǒ yòu lún zi
道，把两条铁轨按照火车左右轮子
de jù lí píng xíng pū shè zài lù jī shang gù dìng qǐ
的距离平行铺设在路基上，固定起
lái gōng huǒ chē xíng shǐ yīn qí zhǔ yào chéng fèn shì
来，供火车行驶。因其主要成分是
gāng tiě suǒ yǐ chēng wéi tiě lù
钢铁，所以称为铁路。

▲ 铁路

tiě lù yùn shū yè de kāi duān
铁路运输业的开端

zhēn zhèng de tiě lù yùn shū shì huǒ chē zài guǐ
真正的铁路运输是火车在轨
de yùn shū yīng guó shì zuì zǎo chū xiàn tiě lù yùn shū
的运输。英国是最早出现铁路运输
de guó jiā nián yuè rì yóu yīng guó
的国家。1825年9月27日，由英国
rén sī dì fēn sūn shè jì de sī tuō kè dùn dá líng
人斯蒂芬孙设计的斯托克顿—达灵
dùn de tiě lù zhèng shì tōng chē le biāo zhì zhe jìn
顿的铁路正式通车了，标志着近
dài tiě lù yùn shū yè dàn shēng
代铁路运输业诞生。

▲ 早期的铁路

⬇ 1825年9月27日世界上第一条公用运
输铁路通车运行的情景。

国 家	英国
发明时间	1825年
发明者	史蒂芬孙
类 别	交通工具

中国最早的铁路

真正由中国人自主修建的第一条铁路，是1905年由詹天佑设计并主持修建的京张铁路，全长200多千米。

↑ 詹天佑

↑ 1880年，中国最早的铁路和火车

↑ "人字"形铁路

铁轨的历史

有人认为铁轨的历史同火车同步，其实不然，铁轨的历史比火车早，而且不是出现在最早发明火车的英国，而是出现在希腊。早在两千多年前，古希腊已经有了马拉车沿轨道前进。

世界铁路总量

铁路运输有着独特魅力，世界各国纷纷修建。到目前为止，全世界铁路总里程已经达到120余万千米，连接起来可以绕地球赤道30多圈。

城市的地下交通网络

地铁

地铁是地下铁路的简称。因其建在地面以下而得名，是人类社会进入工业化时期，城市化的必然产物，是目前缓解大城市交通压力的重要途径。修建地铁在一定程度上能够展示一个国家在经济、社会以及技术上的先进程度。

地铁可以展示一个国家的发展状况

首个地铁城市

世界上首条地下铁路系统是在1863年开通的"伦敦大都会铁路"，由于电还没有普及，地下铁路采用的蒸汽机车，烟尘非常大。所以不得不每隔一段距离向地面打开一个通风口。

1863年开通的世界第一条地铁——伦敦大都会铁路

1900年起运行至今巴黎地铁已经有100多年的历史了。它以服务质量高、安全可靠闻名于世。

国　家	英国
发明时间	1863年
类　别	交通工具

纽约地铁

1907年，纽约第一条地铁建成通车。纽约地铁总长443.2千米，设车站504座，居世界首位。经过一个世纪的发展，纽约市地铁仍旧是号称全世界最有效率的地铁系统。

纽约地铁 ➡

⬆ 莫斯科地铁

世界上最漂亮的地铁

1935年开始运营的莫斯科地铁是世界上最漂亮的地铁。每个车站都由其国内著名建筑师设计，大量使用大理石、花岗岩、陶瓷和彩色玻璃以及装饰的各种精美的浮雕和壁画，华丽典雅，加上精致的照明灯具，就像一座座富丽堂皇的地下艺术宫殿。

大城市的象征

因为修建地铁工程量大，复杂危险，代价非常大，所以地铁一般只在人口集中的大城市修建。我国第一条地铁于1965年在北京修建，1969年通车，使北京成为中国第一个拥有地铁的城市。

⬆ 北京地铁

最快的火车
zuì kuài de huǒ chē

高速列车
gāo sù liè chē

huǒ chē de xíng chē sù dù chāo guò
火车的行车速度超过200
qiān mǐ xiǎo shí jiù shì gāo sù tiě lù liè chē
千米/小时就是高速铁路列车，
jiǎn chēng gāo tiě mù qián gāo sù liè
简称"高铁"。目前，高速列
chē zài xǔ duō guó jiā dé dào tuī guǎng bìng qiě
车在许多国家得到推广，并且
zhèng zài jiā kuài pǔ jí bù fá
正在加快普及步伐。

⬆ 高速列车

开启高铁新时代
kāi qǐ gāo tiě xīn shí dài

shì jiè shang zuì zǎo de gāo sù liè chē wéi rì
世界上最早的高速列车为日
běn de xīn gàn xiàn liè chē nián kāi tōng zuì
本的新干线列车，1964年开通，最
gāo shí sù měi xiǎo shí qiān mǐ tā de jiàn chéng
高时速每小时210千米。它的建成
tōng chē biāo zhì zhe shì jiè gāo sù tiě lù xīn shí dài
通车标志着世界高速铁路新时代
de dào lái
的到来。

⬆ 日本高速列车

国家	日本
发明时间	1964年
类别	交通工具

高铁的优势

和普通列车相比，高速铁路列车具有以下特点：载客量高、输送能力大、速度快、安全性好、正点率高、舒适方便、能源消耗低、环境影响小、经济效益好等优点。

⬆ 高速列车为我们生活提供了方便

⬆ TGV连通了巴黎和法国东部20个地区，曾一度使法国航空公司霸占已久的巴黎至里昂线的客源大量流失。

法国TGV

法国高速铁路称为TGV，是由阿尔斯通公司和法国国家铁路公司设计建造的高速铁路系统。作为当今世界上高速铁路技术发展水平最高的国家之一，法国频繁刷新运行速度最高纪录。目前，世界高铁最快纪录仍由法国在2007年以每小时574.8千米所把持。

中国的高铁

中国高速铁路虽然起步晚，但发展却很迅猛。"和谐号"380A新一代高速动车组，是目前世界上运营速度最快的，也是科技含量最高的高速列车，它的最高运营时速为380千米，堪称中国高铁的奇迹。

ràng liè chē fēi qǐ lái
让列车飞起来

cí xuán fú liè chē
磁悬浮列车

cí xuán fú liè chē shì yī zhǒng kào cí xuán fú lì

磁悬浮列车是一种靠磁悬浮力

lái tuī dòng de quán xīn de liè chē　yóu yú qí guǐ dào

来推动的全新的列车。由于其轨道

de cí lì shǐ zhī xuán fú zài kōngzhōng　xíng zǒu shí bù

的磁力使之悬浮在空中，行走时不

xū jiē chù dì miàn　yīn cǐ qí zǔ lì fēi chángxiǎo

需接触地面，因此其阻力非常小，

sù dù fēi chángkuài

速度非常快。

🔺 磁悬浮列车

cí chǎng yuán lǐ
磁场原理

cí chǎng yǒu yī gè tè diǎn　jí tóng jí xiāng

磁场有一个特点，即同极相

chì　yì jí xiāng xī　cí xuán fú liè chē jiù shì

斥、异极相吸。磁悬浮列车就是

lì yòng cí chǎng de zhè yī yuán lǐ ér yán zhì chéng gōng

利用磁场的这一原理而研制成功

de　yī bān de zuò fǎ yǒu liǎngzhǒng　yī zhǒng shì lì

的。一般的做法有两种：一种是利

yòng cí tiě tóng jí xiāng chì yuán lǐ ér shè jì de　lìng

用磁铁同极相斥原理而设计的；另

yī zhǒng zé shì lì yòng cí tiě yì jí xiāng xī yuán lǐ ér

一种则是利用磁铁异极相吸原理而

shè jì de

设计的。

🔺 磁悬浮列车内景

🔻 磁悬浮列车"飞翔"在高架桥上

环保、高速

能耗不到民航客机1/10，噪声和废气污染接近于零。而它的最低时速将达到4 000千米！如果把北京和华盛顿连接起来，行程不到2小时，数小时就能完成环球旅行。

▲ 坐上磁悬浮列车很安全

超高速磁悬浮列车

当磁悬浮列车还没有普及的时候，科学家已经提前把目光投向更先进的超高速磁悬浮列车，由于是在密封的真空管道里行驶，基本不会发生交通事故。比目前使用的磁悬浮列车更快，更安全，成本更低。

现　状

目前，全世界只有三个国家在研究真空管道磁悬浮列车，分别是中国、美国和和瑞士。美国和瑞士还处在论证阶段，中国已经进入试验阶段，走在了世界最前列。

▲ 磁悬浮列车运行的动力来自固定在路轨两侧的电磁铁

国　家	德国
发明时间	1922年
类　别	交通工具

向太阳借能量
xiàng tài yáng jiè néng liàng

太阳能飞机
tài yáng néng fēi jī

太阳能飞机是以太阳辐射作为推进能源的飞机。这种飞机的最大特点就是零排放，零污染，不用燃油。因为太阳能是最清洁的能源。经典的机型有："太阳神"号、"天空使者"号、"西风"号、"太阳脉动"号等。

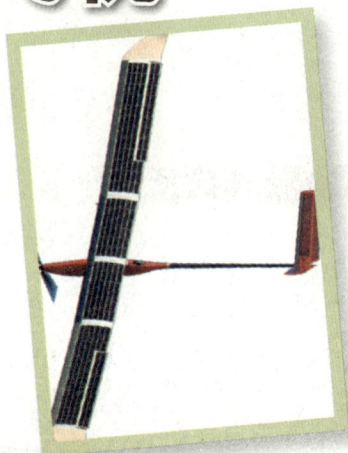

"天空使者"号太阳能飞机

美国宇航局的"太阳神"号

发展成就

太阳能飞机从20世纪70年代问世到现在经历了飞速的发展。从体积较小的无人机，到体积较大的有人驾驶机；从飞行距离较短到长距离不间断飞行；从只能在白天飞行到昼夜不间断飞行，技术局限不断被突破。由瑞士研究的"太阳动力"号最近已经完成连续两天的不间断环球航行。

世界上第一架太阳能飞机——"太阳动力"号为减轻飞机重量，主架结构用超轻碳纤维材料制成，驾驶基本为机械操纵，没有使用大量电子设备，甚至连机身都是贴薄膜，没有涂油漆。

国　家	美国
发明时间	1981年
发明者	保罗·麦克里迪
类　别	交通工具

机翼很大

由于太阳辐射的能量密度小，为了获得足够的能量，因此科研人员在设计的时候尽量把飞机的体积缩小，使用人工合成材料（如碳纤维材料）使重量减轻，以节省用电。把飞机的机翼增大，多布放电池，以多发电。

⬆ 飞机上要有较大摄取阳光的表面积，以便铺设太阳能电池，也因此太阳能飞机的机翼面积很大。

用途广泛

这种新型飞机有很多用途，它将用作高空卫星平台和低成本的电子通信领域，还可以用来探测大气温度。此外，它也可以有商业和军事用途。如美国研制的太阳能飞机"太阳神"号，机翼全面伸展时达75米，连波音747飞机也望尘莫及。

⬆ 美国"太阳神"号太阳能飞机在技术成熟后，它将可能投入商业和军事应用。

太阳能无人侦察机

2006年8月，英国科学家研制的世界首架太阳能无人侦察机——"西风"（Zephyr）号试飞成功。该机采用全球定位系统导航，最大飞行高度可以达到40 000米。它依靠太阳能电池提供动力，可持续飞行3个月之久，对目标实施长时间的高密度监控。

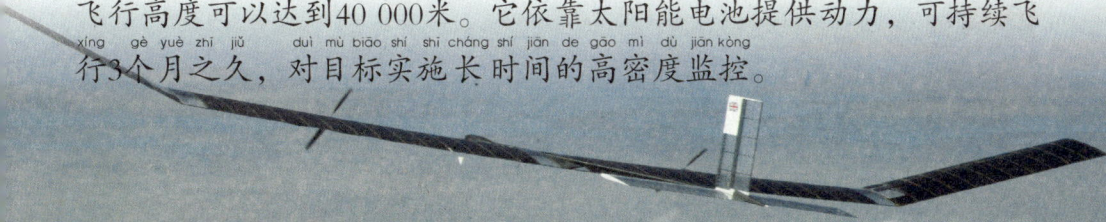

⬆ "西风"号太阳能飞机

世界最快的汽车

超音速汽车

"寻血猎犬"超音速汽车的速度最快时达到惊人的1 678千米/小时，是名副其实的超音速汽车，该车是由英国著名设计师理查德·诺贝尔和安迪·格林设计的。

↑ "寻血猎犬"前视图

↑ 超音速汽车"寻血猎犬"火箭般的外表和比子弹还快的速度。

材料形状都特殊

"寻血猎犬"已经不是通常意义上的汽车了，它搭载了新型战斗机发动机和固液混合火箭发动机。而车轮使用高强度钛合金制成，外壳由航空级铝锻造而成。

国　家	英国
发明时间	1964年
发明者	理查德·诺贝尔和安迪·格林
类　别	交通工具

↓ "寻血猎犬"车长12.8米、重6.4吨，形状似火箭或者像铅笔，这是为了减少空气阻力。因为它的速度在发动后立马会超过音速，所以会听到它克服空气阻力而发出的巨响。

汽车动力新趋势
氢动力汽车

↑ "氢动"三号汽车

氢动力汽车

能源紧缺，空气污染，这些问题已经严重影响人类的生存环境，而随着汽车销量的飞速增长，能源消耗越来越大，所排放的大量尾气更是加重了空气污染。人们想出了很多解决办法，但最彻底的办法是氢动力汽车的问世。

氢动力汽车是一种真正实现零排放的交通工具，排放出的是纯净水，对空气没有任何污染。而作为能源，氢气在空气中大量存在，是取之不竭、用之不尽的。世界第一辆氢动力汽车诞生于1965年。现在，全球各大公司都加大了对氢燃料电池驱动技术的投入。

↑ 本田推出了世界上第一款量产的氢动力汽车——FCX Clarity

国家	日本
发明时间	2008年
发明者	本田公司
类别	交通工具

↓ 宝马H2R氢动力汽车

穿在身上的汽车

i-Unit

日本丰田公司研制出了一种新型的汽车，既不是能飞的，也不是水陆两用的，而是能穿在身上的汽车，这就是丰田概念车——i-Unit。它能在驾驶者发出呼唤后，自行来到"主人"身边。驾驶者一握上IT控制杆，i-Unit就能够自动识别驾驶者身份，并启动引擎，点亮车灯，迎接"主人"。

⬆ 相比其他汽车，i-Unit对自然环境的影响小了很多。

⬇ 躺在i-Unit里睡觉也是一种特别的享受

能穿的汽车

更神奇的是，前后车轮距离可调，当慢行时，距离缩小，车位变高，可以在人行道上穿行；快行时，距离变大，车身变矮，主人几乎斜躺在车里，很安全。驾驶这样的车就像是穿了一件衣服一样。

国　家	日本
发明时间	不详
发明者	丰田公司
类别	交通工具

qì chē yě néng fēi shàng tiān
汽车也能飞上天

kōng zhōng qì chē
空中汽车

kōng zhōng qì chē huò jiào fēi xíng qì chē shì
空中汽车，或叫飞行汽车，是
zhǐ ràng qì chē fēi qǐ lái dá dào kōng lù liǎng yòng de xiào
指让汽车飞起来，达到空陆两用的效
guǒ rén men huì zào qì chē hé fēi jī zhī hòu jiù bù duàn
果。人们会造汽车和飞机之后，就不断
cháng shì bǎ liǎng zhǒng jì shù jié hé qǐ lái zì zào chū
尝试把两种技术结合起来，制造出
jì néng zài lù dì bēn chí yòu néng zài tiān kōng fēi xiáng de liǎng
既能在陆地奔驰又能在天空飞翔的两
yòng jī yě xǔ bù jiǔ de jiāng lái tā jiāng qǔ dài pǔ
用机。也许不久的将来，它将取代普
tōng de qì chē
通的汽车。

⬆ 飞行汽车使用的燃料与普通汽车无异，只要加满无铅汽油即可。

fēi yuè
飞跃

nián yuè yóu měi guó mǎ sà
2009年3月，由美国马萨
zhū sài zhōu tè lā fú jiā gōng sī tuī chū de shì
诸塞州特拉福嘉公司推出的世
jiè shǒu liàng fēi xíng qì chē fēi yuè shǒu cì
界首辆飞行汽车"飞跃"首次
shì fēi chéng gōng tā kě zài miǎo nèi cóng
试飞成功，它可在15秒内从
yí liàng yǒu liǎng gè zuò wèi de gōng lù qì chē biàn
一辆有两个座位的公路汽车变
shēn wéi yí jià fēi jī
身为一架飞机。

⬆ 正在飞行的"飞跃"号

国家	美国
发明时间	2009年
发明者	特拉福嘉公司
类别	交通工具

⬆ 正在起飞的"飞跃"号

世界最大的卡车

卡特彼勒797型

美国卡特公司是全球最大的工程机械和矿山设备制造公司，有"世界工程机械巨无霸"之称。该公司在1998年推出的卡特彼勒797矿山车，以326吨的额定载重量成为当时世界上最大的卡车。2002年卡特又推出了额定载重量为345吨的797升级版卡特797B矿山车。

⬆ 卡特彼勒797矿山车速度非常快

越来越大的

2008年推出的卡特797F矿山车体形大得惊人，长15.7米，宽9.5米，高7.7米，光一个轮胎都有4米高。它的翻斗最大能容360吨，但在装矿石时能轻松达到400吨，加上自重的288吨，总质量达到了688吨。这么重的车，一般的公路是承受不了的。

⬇ 797的一个轮胎就价值3万美元

国家	美国
发明时间	1998年
发明者	卡特公司
类别	交通工具

世界最大的运输车

爬行者运输车

美国肯尼迪航天中心有两辆当今世界上最大的履带运输车。但当它满载时，最高时速也不到2千米，简直就像蜗牛一样慢，它的名字就叫作"爬行者"。它有什么用呢？原来，它的职责是将航天飞机连同发射台一起，从组装配件的大楼运送到航天中心的发射场。

⬆ 爬行者把火箭运送到发射台时，火箭和飞船的最顶端偏离垂直线的误差尺寸不会超过一个篮球大小。

责任重大

"爬行者"自重高达2 722吨。加上所运载的火箭、航天飞机和发射平台，总重可达8 100多吨。它由4辆长12.6米、宽7.3米的履带车组成。每台履带车上装有一个液压千斤顶，通过计算机的控制，能把6 000吨的重量举起1米。

⬆ "爬行者"运输车的驾驶舱

国家	美国
发明者	美国宇航局
类别	交通运输工具

⬆ "爬行者"运输车是一个像盒子一样的矩形钢结构

空中交通工具
kōng zhōng jiāo tōng gōng jù

飞 机
fēi jī

1903年，美国的莱特兄弟，历
nián   měi guó de lái tè xiōng dì   lì
尽千辛万苦，终于成功试飞了世
jìn qiān xīn wàn kǔ   zhōng yú chéng gōng shì fēi le shì
界第一架飞机——"飞行者一号"。
jiè dì yī jià fēi jī   fēi xíng zhě yī hào
人类的交通运输从此又多了一条途
rén lèi de jiāo tōng yùn shū cóng cǐ yòu duō le yī tiáo tú
径。
jìng

↑ 莱特兄弟

原 理
yuán lǐ

飞机的原理其实很简单，
fēi jī de yuán lǐ qí shí hěn jiǎn dān
就是仿照鸟儿的翅膀，飞机的
jiù shì fǎng zhào niǎo er de chì bǎng   fēi jī de
翅膀叫机翼。还有一个就是飞
chì bǎng jiào jī yì   hái yǒu yī gè jiù shì fēi
机的发动机，当发动机把飞
jī de fā dòng jī   dāng fā dòng jī bǎ fēi
机向前牵引并且速度很高的时
jī xiàng qián qiān yǐn bìng qiě sù dù hěn gāo de shí
候，就像我们的风筝一样，
hòu   jiù xiàng wǒ men de fēng zheng yī yàng
大气对机翼就会产生很大的浮
dà qì duì jī yì jiù huì chǎn shēng hěn dà de fú
力，速度越快，浮力越大，飞
lì   sù dù yuè kuài   fú lì yuè dà   fēi
机升得就越高。
jī shēng de jiù yuè gāo

↑ 现代飞机的重要部件

↑ 现代飞机的结构

↑ 莱特兄弟研制出世界第一架有动力的
飞机——"飞行者一号"。

国 家	美国
发明时间	1903年
发明者	莱特兄弟
类 别	交通工具

战斗机 zhàn dòu jī

飞机发明出来以后，第一次世界大战爆发。飞机便被派上战场，成为人类自相残杀的武器。直到今天，战斗机已经是飞机家族的重要一员。

⬆ 现代战斗机

飞机种类 fēi jī zhǒng lèi

飞机按用途分为军用飞机和民用飞机。军用飞机包括：战斗机、轰炸机、侦察机、预警机、空中加油机、军用运输机、军用教练机等。民用飞机包括：运输机、体育运动飞机、试验研究机和其他专门用途飞机等。

⬆ 侦察机

中国第一架飞机 zhōng guó dì yī jià fēi jī

冯如是中国第一个飞机设计制造师，早在1909年就自行设计制造出飞机——"冯如一号"，证明中国人并不比别人差！

⬆ "冯如一号"

⬆ 现代的民用客机

mèngxiǎng kè jī
梦想客机

bō yīn
波音787

波音787,又称为"梦想客机",是美国波音公司研发的中型中远程运输机。波音787梦想飞机是航空史上首架超长程中型客机,航程6 500至16 000千米,载客量289人。

波音787

波音787的内部

代价昂贵但受欢迎

波音787的特点是大量采用复合材料,低燃料消耗、较低的污染排放、高效益及舒适的客舱环境,可实现更多的点对点不经停直飞航线。以及较低噪声、较高可靠度、较低维修成本。

国 家	美国
发明时间	2004—2009年
发明者	波音公司
类 别	交通工具

空中巨无霸
A380客机

A380是空中客车公司打造的迄今最大的民航客机，一次性可容纳550名以上乘客，被称为"空中巨无霸"。法国国防工业界的著名企业家让·吕克·拉加迪尔作为研发A380的提议者，被称为"A380之父"。

空客A380客机

空客A380客机内景

数据A380

空客A380非常庞大，机长73米，翼展79.8米，高4.1米。安装4台发动机，巡航速度约每小时1 050公里，最高巡航高度为13 100米，航程14 815千米。最低载客525人，最高853人。

国家	法国、德国等
发明时间	2002—2005年
发明者	空中客车公司
类别	交通工具

太空冲浪板
tài kōng chōng làng bǎn

X-43A无人机
wú rén jī

X-43A飞机是美国国家航空航
fēi jī shì měi guó guó jiā háng kōng háng

天局1996年开始研发的新型无人机，
tiān jú nián kāi shǐ yán fā de xīn xíng wú rén jī

像个黑色的冲浪板。飞机的设计时
xiàng gè hēi sè de chōng làng bǎn fēi jī de shè jì shí

速最高达到音速的10倍。比一般超
sù zuì gāo dá dào yīn sù de bèi bǐ yī bān chāo

音速飞机高出很多，属于高超音速飞
yīn sù fēi jī gāo chū hěn duō shǔ yú gāo chāo yīn sù fēi

机。如果研制成功，将是世界上
jī rú guǒ yán zhì chéng gōng jiāng shì shì jiè shang

最快的飞机。
zuì kuài de fēi jī

⬆ X-43A无人机

全球安全的威胁
quán qiú ān quán de wēi xié

美国之所以花费巨资研制
měi guó zhī suǒ yǐ huā fèi jù zī yán zhì

X-43A，主要目的是维护它的军事
zhǔ yào mù dì shì wéi hù tā de jūn shì

优势。这种飞机如果携带弹头，
yōu shì zhè zhǒng fēi jī rú guǒ xié dài dàn tóu

只须从美国本土起飞，便能在两小
zhǐ xū cóng měi guó běn tǔ qǐ fēi biàn néng zài liǎng xiǎo

时内到达世界任何角落执行轰炸任
shí nèi dào dá shì jiè rèn hé jiǎo luò zhí xíng hōng zhà rèn

务。而目前全世界没有任何导弹能
wù ér mù qián quán shì jiè méi yǒu rèn hé dǎo dàn néng

够击落它。
gòu jī luò tā

⬆ X-43A无人机厉害无比

国 家	美国
发明时间	1996年
发明者	美国航空航天局
类 别	交通工具

太空巴士

"太空船" 2号

2010年3月22日，由斯卡尔德复合材料公司和英国维珍银河公司合作研发"太空船"2号出色地完成"处女航"，虽然飞行过程仅有几分钟，但非常成功。它是一种小型的载人飞船，也许不久的将来，"太空船"2号搭载着我们，像乘坐巴士一样去太空旅行。

↑ "太空船"2号将开辟个人航天旅游时代

↑ "太空船"2号首航

不是科幻

"太空船"2号大小就像一架轻型飞机，船体长18米。尾部有火箭助推装置。船体两翼设有可移动的、如同翅膀般的稳定鳍。它由母船"白色骑士"2号"驮"着，进入距离地面约1.5万千米的高空，它与母船分离，然后以4倍声音的速度向上攀升，穿越大气层，最后再滑翔着返回地球。

↑ "白色骑士"2号形状怪异，有两个并联的机身，4个发动机，翼展约42米，整个机身是由重量极轻的神秘材料制成的，十分轻巧。

国 家	英国
发明时间	2010年
发明者	维珍银河公司
类 别	交通工具

水上交通工具
shuǐ shang jiāo tōng gōng jù

船
chuán

　　船 是水上主要交通运输工
chuán shì shuǐ shang zhǔ yào jiāo tōng yùn shū gōng

具。人类被海洋分隔在五大洲，在
jù　　rén lèi bèi hǎi yáng fēn gé zài wǔ dà zhōu　　zài

船 没有发明之前，五大洲的人们交
chuán méi yǒu fā míng zhī qián　　wǔ dà zhōu de rén men jiāo

往非常困难，就像今天登上月球
wǎng fēi cháng kùn nan　　jiù xiàng jīn tiān dēng shàng yuè qiú

一样！
yī yàng

在海上行驶的船

悠久的历史
yōu jiǔ de lì shǐ

　　船的起源国尚无定论，据考古
chuán de qǐ yuán guó shàng wú dìng lùn　　jù kǎo gǔ

发现，早在公元前6000年，人类已
fā xiàn　　zǎo zài gōng yuán qián　　nián　　rén lèi yǐ

经在水上活动。这说明，6000年前
jīng zài shuǐ shang huó dòng　　zhè shuō míng　　nián qián

人类已经会造船了。
rén lèi yǐ jīng huì zào chuán le

独木舟

国　家	不详
发明时间	6000年前
发明者	古人
类　别	交通工具

帆船

最早的船

世界上最早的船可能就是一根木头，聪明的人类祖先无意中发现木头能够漂浮在水中，就试着骑到水中漂浮的较大的木头上。这根木头就是最早最简单的船了。后来，人们经过加工，把木头中间挖个槽，人坐在中间，这样更安全。这就是独木舟。

⬆ 独木舟

大型木船

造船技术的进步必须与导航设备结合起来，如果没有指南针，人们在海上就不能识别方向，大船远航就没有可能。指南针是中国发明的，所以中国的造船技术一直世界领先。在明代，郑和下西洋所乘的宝船长度为150多米，宽60米。

⬆ 郑和宝船

轮船

受到蒸汽机的发明和工业革命的影响，到了18世纪，欧洲出现了蒸汽机轮船。19世纪，欧洲又出现了铁船。此后，船开始向大型化、现代化发展。

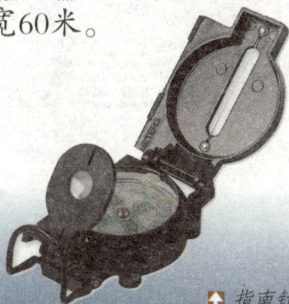

⬆ 指南针

漂移小镇
piāo yí xiǎo zhèn

海上解放号
hǎi shang jiě fàng hào

海上解放号邮轮是世界第二大邮轮公司皇家加勒比公司耗费10亿美元巨资打造的世界最大的超级邮轮。海上解放号几乎是著名的泰坦尼克号邮轮的3倍大小。

⬆ 海上解放号

世界最大邮轮
shì jiè zuì dà yóu lún

海上解放号邮轮总长339米，宽56米，而船体的高度则达到了72米，共有18层楼，仅乘客区就有15层，是当今世界最大的邮轮。

⬆ 游艇上的娱乐场

国家	英国
建造者	皇家加勒比邮轮公司
类别	交通工具

重量惊人

整艘邮轮共计用了34.4万平方米铁板打造，邮轮上的所有管道连接起来有161千米长，各种电缆竟长达3 540千米，因此，海上解放号的体重也大得惊人，仅船体大约15万吨重，如果满载乘客和行李则可达20万吨！

↑ 海上解放号不是一般游艇可以比较的

一流的服务

海上解放号上有不同种类房间供旅客选择，包括简单套房、大套房、总统套房、王室套房，海景套房等，所有均舒适豪华。在这里，乘客享受的是一流、高品质服务。工作人员会及时提醒您预约正餐的时间，无论乘客身处何地——游泳池、餐厅，还是自己的房间，总有人24小时效劳。

↑ 海上解放号的餐厅

海上城市

海上解放号邮轮上拥有世界上最大的海上体育馆，有一个可容纳1 350人的圆形剧院，还有一个9洞高尔夫球场。此外，还有长310米大街，6层楼高的购物中心、大型赌场等。船上的设施几乎是应有尽有，堪称一座极尽奢华的"海上城市"。

海上巨无霸
hǎi shàng jù wú bà

航空母舰
háng kōng mǔ jiàn

háng kōng mǔ jiàn shì dāng jīn shì jiè hǎi jūn tǐ jī
航空母舰是当今世界海军体积
hé wēi lì zuì dà de zuò zhàn jiàn tǐng bèi chēng wéi hǎi
和威力最大的作战舰艇，被称为海
shàng jù wú bà cóng tā míng zi de zì miàn yì si jiù
上巨无霸。从它名字的字面意思就
kě yǐ kàn chū tā shì yǐ fēi jī wéi zhǔ yào zuò zhàn wǔ
可以看出，它是以飞机为主要作战武
qì de
器的。

▲ 航空母舰

国 家	英国
时 间	1918年
类 别	军用舰艇

bǎi yǎn jù rén hào háng mǔ
"百眼巨人"号航母

yīng guó shì zuì zǎo fā zhǎn háng mǔ de guó jiā
英国是最早发展航母的国家。
shì jiè dì yī sōu háng mǔ bǎi yǎn jù rén hào
世界第一艘航母"百眼巨人"号
yú nián yuè zhèng shì biān rù yīng guó huáng jiā hǎi
于1918年9月正式编入英国皇家海
jūn tā de dàn shēng shǐ de shì jiè hǎi shàng lì liàng fā
军。它的诞生使得世界海上力量发
shēng le zhòng dà biàn huà
生了重大变化。

远洋作战

航空母舰一般是一支航空母舰战斗群中的核心舰船，有时还作为航母舰队的旗舰。舰队中的其他船只为它提供保护和供给。依靠航空母舰，一个国家可以在远离其国土的地方、不依靠当地机场情况施加军事压力和进行作战。航空母舰在第二次世界大战中被广泛运用。

▲ 航空母舰威力无比

▲ 美国"企业"号航空母舰

核动力航母

航母消耗巨大，需要大量的燃料，普通燃料难以满足它的胃口，核燃料具有显然的优势。美国1961年11月25日建成服役的企业号航空母舰是世界上第一条用核动力推动的航空母舰。

武器装备

航空母舰的主要武器装备是它装载的各种舰载机，歼击机、轰炸机、预警机、固定翼反潜机、电子战机、救援直升机等。航空母舰利用舰载机进行空中截击、对海对陆进行攻击，直接把敌人消灭在距离航母数百千米之外的领域。舰载机是航空母舰最好的进攻和防御武器。

最隐蔽的海军舰艇

潜艇

潜艇也称潜水艇，是海军的主要舰种之一，它既能在水面航行又能潜入水中某一深度，把自己隐蔽起来从而对敌方进行袭击。

↑ 潜艇

↑ 德雷尔发明的世界上第一艘人力潜艇

潜艇之父

1620年，荷兰物理学家科尼利斯·德雷尔成功地制造出世界上第一艘潜艇，可载12名船员，能够潜入水下3~5米。德雷尔也被称为"潜艇之父"。

国　家	荷兰
发明时间	1620年
发明者	科尼利斯·德雷尔
类　别	军用舰艇

↓ 现代潜艇能在水下发射导弹、鱼雷和布设水雷，攻击海上和陆上目标。

"海龟"号

1776年9月，"海龟"号潜艇偷袭停泊在纽约港的英国军舰"鹰"号，虽未获成功，但开创了潜艇首次袭击军舰的尝试。这也是第一艘用于军事的潜艇。

"海龟"号潜艇通过脚踏阀门向水舱注水，可使艇潜至水下6米，能在水下停留约30分钟。

潜艇的外形和结构

潜艇一般设计为像鱼类一样圆滑的椭圆形，其优点是可以在行进中减少阻力，同时，在下潜时提高抗压能力。潜艇主要由艇体、操纵系统、动力装置、武器系统、导航系统、探测系统、通信设备、水声对抗设备、救生设备和居住生活设施等构成。

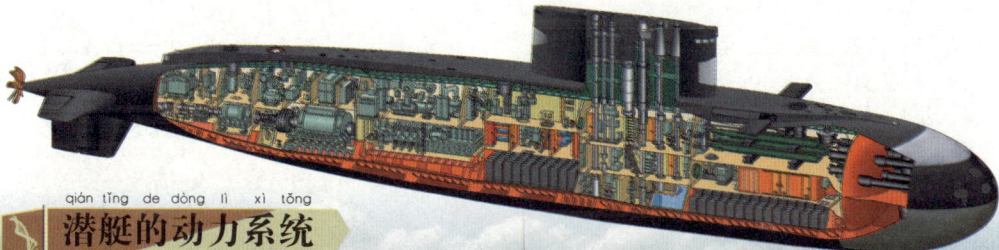

⬆ 现代潜艇的切面图

潜艇的动力系统

潜艇一般分为柴电动力潜艇和核动力潜艇。柴电潜艇在水上航行状态使用柴油机作为动力，同时利用太阳能为电池充电。潜行状态时则采用电动机驱动。而核潜艇的动力装置核心部分是核反应堆，不需要空气来支持燃烧，也不用上浮到海面充电。

◀ 英国"机"级核潜艇是英国皇家海军研制的新一代攻击型核潜艇。

tǐ wēn de liáng chǐ
体温的量尺

tǐ wēn jì
体温计

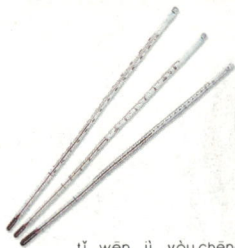

tǐ wēn jì yòu chēng   yī yòng wēn dù jì
体温计又称"医用温度计",
shì yī yuàn   zhěn suǒ cè liáng tǐ wēn de cháng yòng gōng
是医院、诊所测量体温的常用工
jù   zài dān wèi   xué xiào hé jiā tíng zhōng yě jīng cháng
具,在单位、学校和家庭中也经常
yòng dào tā kě yǐ jīng què cè liáng chū wǒ men shēn tǐ de
用到。它可以精确测量出我们身体的
wēn dù
温度。

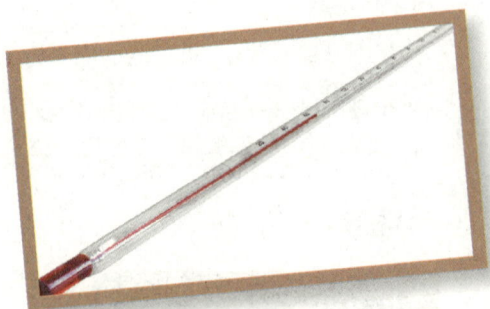

⬆ 体温计

gòu zào hé yuán lǐ
构造和原理

tǐ wēn jì qí shí jiù shì yī gè fēng bì de bō lí guǎn
体温计其实就是一个封闭的玻璃管,
dǐ bù de yè pào lǐ zhuāng yǒu yè tǐ   shàng mian lián yī gè xì
底部的液泡里装有液体,上面连一个细
guǎn   xì guǎn wài miàn yǒu kè dù   liáng tǐ wēn shí   bǎ yè
管,细管外面有刻度。量体温时,把液
pào tóng shēn tǐ jiē chù   yóu yú tǐ yè shòu dào rè zhàng yuán lǐ
泡同身体接触,由于体液受到热胀原理
de yǐng xiǎng   yè pào lǐ de yè tǐ jiù huì yán zhe xì guǎn shàng
的影响,液泡里的液体就会沿着细管上
shēng   cóng kè dù shang jiù néng kàn chū rén de tǐ wēn zhí
升,从刻度上就能看出人的体温值。

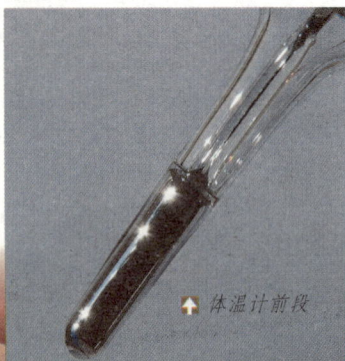

⬆ 体温计前段

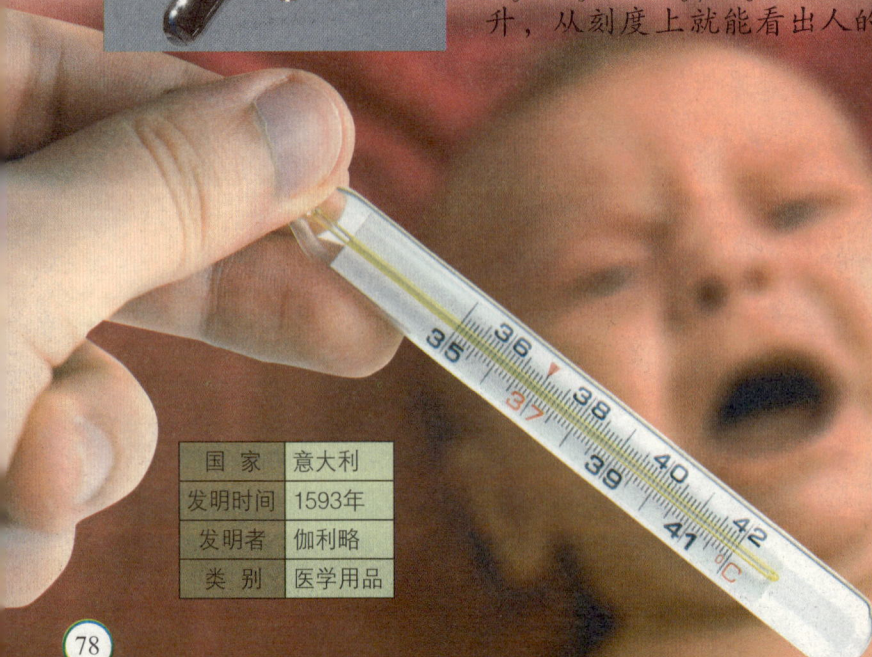

国　家	意大利
发明时间	1593年
发明者	伽利略
类　别	医学用品

发明 fā míng

1593年，意大利科学家伽利略发明了温度计，但温度值不能直接看出来，需要计算，很麻烦。1714年，加布里埃尔·华伦海特研制了在水的冰点和人的体温范围内设定刻度的水银体温计。

⬆ 伽利略和他的温度计模型

⬆ 温度计"回表"

回表 huí biǎo

体温计是一种最高温度计，它可以记录温度计所曾测定的最高温度。用后的体温计应"回表"，即拿着体温计的上部用力往下甩，可使已升入管内的水银，重新回到液泡里。

现代的体温计 xiàn dài de tǐ wēn jì

随着科技的发展，现在，体温计有了很多种类，比较常用的有：玻璃体温计、电子式体温计、耳式体温计和片式体温计等。

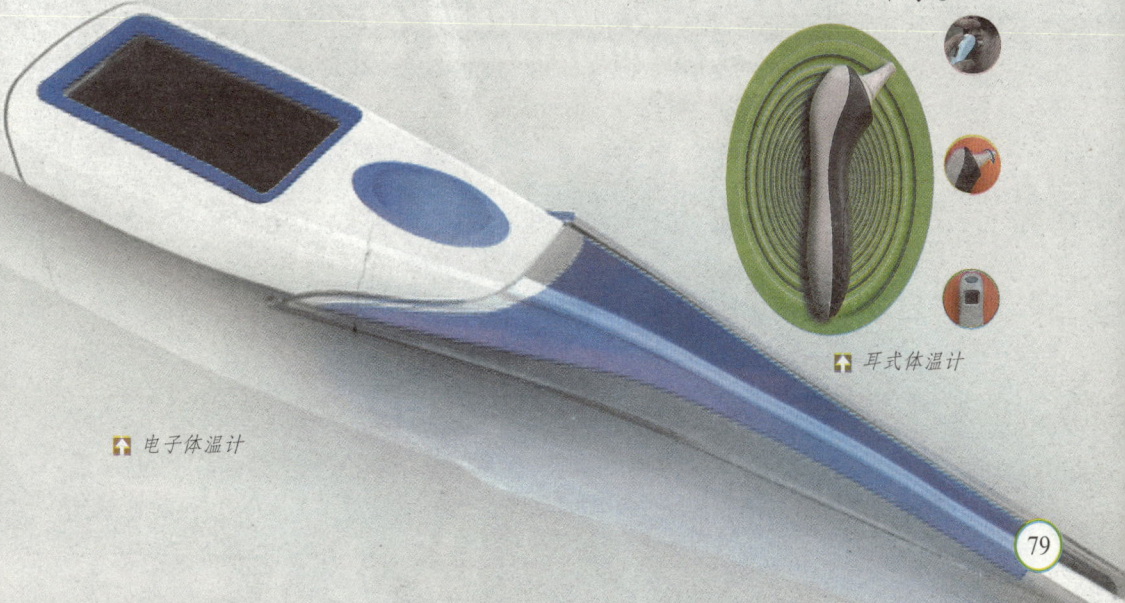
⬆ 电子体温计

⬆ 耳式体温计

解除病人痛苦

jiě chú bìng rén tòng kǔ

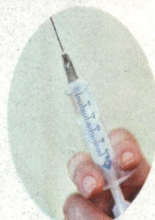

麻醉术
má zuì shù

一百多年以前，做手术是一件非常痛苦和危险的事情，即便是一个小小的阑尾炎手术，有时也会疼死人。但自从有了麻醉术以后，大大减轻了病人手术时的痛苦。麻醉术包括作用于中枢神经的全身麻醉和阻断周围神经传导的局部麻醉。

⬆ 威廉·莫顿是世界上最早应用乙醚麻醉于外科手术的人。

国家	中国
发明时间	三国时期
发明者	华佗
类别	医学用品

莫顿的贡献
mò dùn de gòng xiàn

1846年，莫顿尝试用乙醚进行麻醉，成功地进行了多次拔牙和肿瘤切除手术。乙醚的麻醉效果稳定、安全性好、副作用小，至今仍被广泛使用，莫顿也被誉为外科麻醉的发明者。

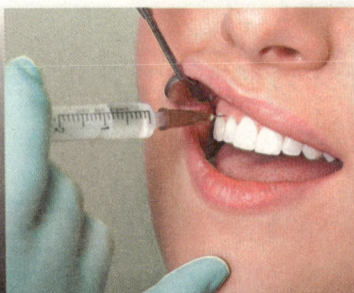

⬆ 拔牙时注入小剂量的麻醉剂可以减轻病人的疼痛。

⬅ 1846年，美国医生莫顿在麻州综合医院第一次成功当众示范以乙醚麻醉病人，进行颈部肿瘤切除的场景。

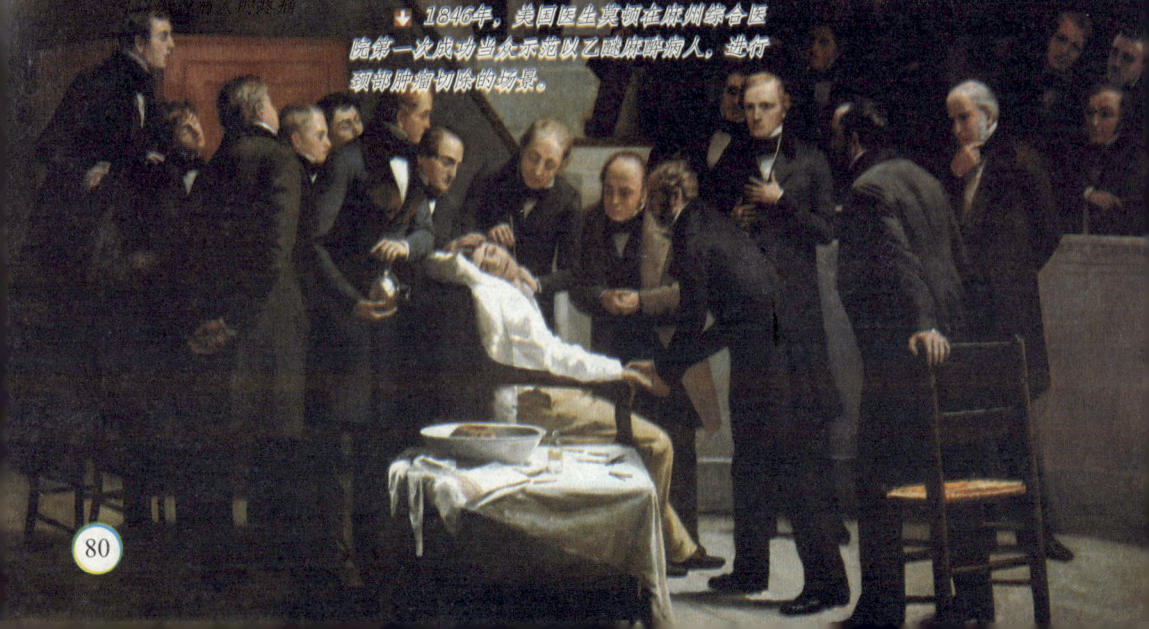

中国古老的麻醉术

据中国《后汉书》与《三国志》记载，名医华佗曾创制"麻沸散"，在患者没有疼痛知觉的情况下进行手术。这比西方医学家使用麻醉剂要早1 600年左右。但后来药剂配方失传，是医学界一大损失。

⬆ 华佗像

现代麻醉术

西方是从18世纪后期才开始麻醉术的研究。19世纪30年代后期，英国医师辛普森首次使用氯仿用于分娩止痛，并获得成功。1844—1845年，美国医师威尔士使用笑气进行全身麻醉剂，成功地实施了拔牙和腿部外科手术。但氯仿和笑气麻醉效果不稳定，受到许多医师的抵制。

⬆ 辛普森和他的麻醉装置

误解

但是，人们想当然地认为实施麻醉术对人体有极大的副作用，而尽量避免使用麻醉剂，这种看法不科学，即便是有，它所带来的副作用远远小于不用它而产生的副作用。

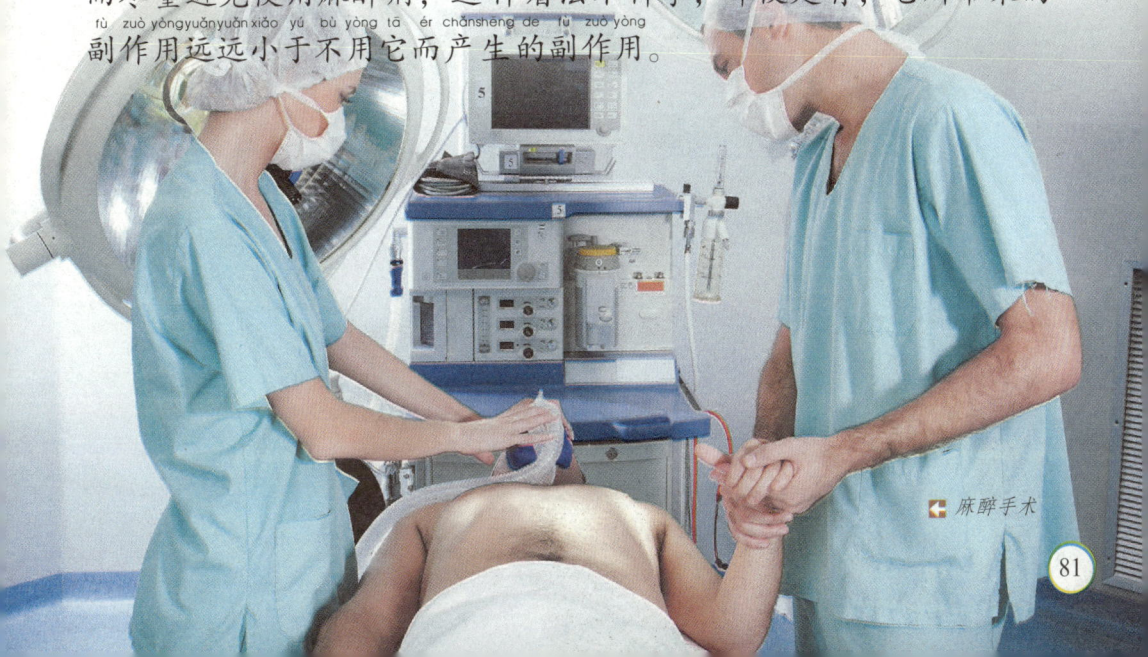

⬆ 麻醉手术

jiě chú bìng rén tòng kǔ
解除病人痛苦

rén zào xīn zàng
人造心脏

xīn zàng bìng shì rén lèi de zhǔ yào shā shǒu   quán shì jiè měi
心脏病是人类的主要杀手，全世界每
nián yǒu   wàn rén yīn cǐ sàng shēng   zhè qí zhōng yǒu xiāng
年有1 700万人因此丧生，这其中有相
dāng yí bù fen shì zài děng dài xīn zàng juān xiàn de guò chéng zhōng sǐ
当一部分是在等待心脏捐献的过程中死
qù de   ér rén zào xīn zàng de fā míng   zhǐ yào zhí rù rén zào
去的。而人造心脏的发明，只要植入人造
xīn zàng   jiù kě yǐ yán cháng xīn zàng bìng huàn zhě shēng mìng
心脏，就可以延长心脏病患者生命。

↑ 首个人造心脏Jarvik（贾维克）-7

与人类心脏大小相当，据它的发明者
称可以完全替代人类心脏的功能，从而挽救数
千万患有心脏病患者的生命。

shén me shì rén zào xīn zàng
什么是人造心脏

rén zào xīn zàng shì zhǐ kē xué jiā wèi le wǎn jiù
人造心脏是指科学家为了挽救
yuè lái yuè duō de xīn zàng bìng huàn zhě de shēng mìng   ér
越来越多的心脏病患者的生命，而
yán zhì chū lái de yì zhǒng rén zào qì
研制出来的一种人造器
guān   tā yǔ rén lèi xīn zàng dà
官。它与人类心脏大
xiǎo xiāng dāng   tiào dòng yǔ zhēn zhèng
小相当，跳动与真正
de xīn zàng lèi sì   kě yǐ tì dài
的心脏类似，可以替代
rén lèi xīn zàng   cóng ér wǎn jiù shù
人类心脏，从而挽救数
qiān wàn huàn yǒu xīn
千万患有心
zàng bìng huàn zhě de
脏病患者的
shēng mìng
生命。

工作原理

把人的身体比作一个机器，心脏就好比人体内部的发动机，驱动人体的各个部分正常运转。实际上，心脏是一种通过肺脏和机体维持供氧和血液循环的肌肉泵。

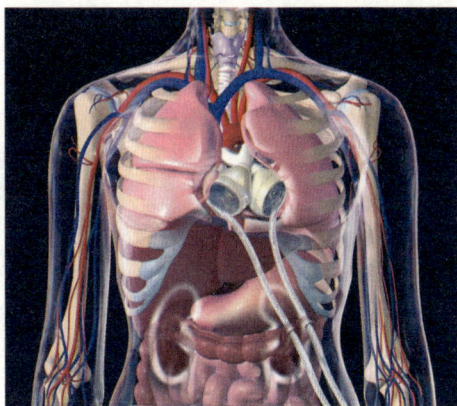
⬆ 人造心脏工作原理图

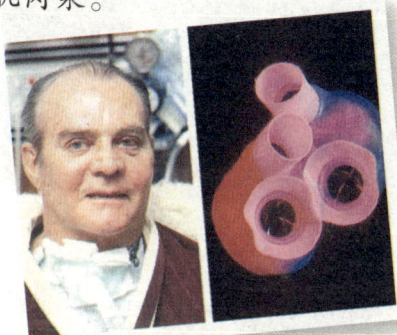
⬆ 第一个安装人工心脏的人——巴尼·克拉克

第一例手术

1982年，美国犹他大学医学中心的一个手术小组给一名心脏病患者植入一颗塑料人造心脏，开创了人造心脏移植的先河。这颗塑料心脏在患者的胸腔里跳动了将近1 300万次，维持了112天的生命。

永久性人造心脏

1993年8月11日，加拿大渥太华心脏研究所研制成功了。据称，这颗人造心脏能植入人体体内，并维持病人一生的生命。

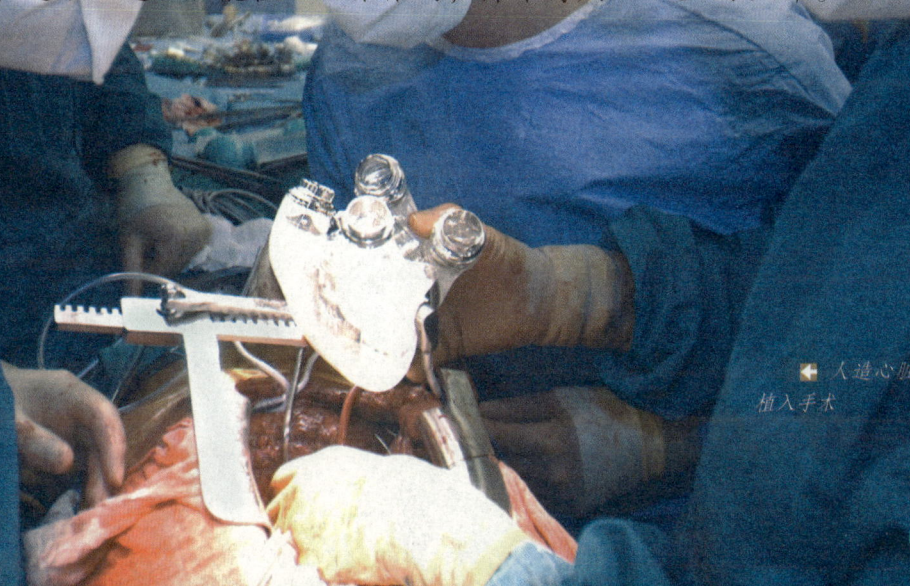
⬅ 人造心脏植入手术

guān jié jí bìng de kè xīng
关节疾病的克星

rén gōng guān jié
人工关节

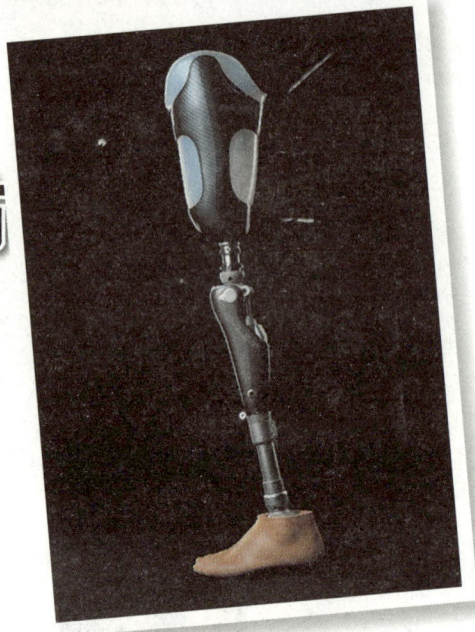

gǔ yǔ gǔ zhī jiān lián jiē de dì fang chēng wéi guān

骨与骨之间连接的地方 称为关

jié rén de guān jié huì shēng gè zhǒng jí bìng shǐ

节。人的关节会生各种疾病，使

guān jié shī qù líng huó xìng huò shǐ rén huó dòng shí guān

关节失去灵活性，或使人活动时关

jié téng tòng chuán tǒng de yào wù zhì liáo dá bù dào lǐ

节疼痛，传统的药物治疗达不到理

xiǎng de xiào guǒ ér rén gōng guān jié shì rén men wèi wǎn

想的效果。而人工关节是人们为挽

jiù yǐ shī qù gōng néng de guān jié ér shè jì de yì zhǒng

救已失去功能的关节而设计的一种

rén gōng qì guān tā zài rén gōng qì guān zhōng shǔ yú

人工器官，它在人工器官中属于

liáo xiào zuì hǎo de yì zhǒng

疗效最好的一种。

人工关节

⬆ 人工关节

shén me shì rén zào guān jié
什么是人造关节

rén zào guān jié jiù shì rén men yòng hé jīn

人造关节就是人们用合金

tè shū cái liào rén gōng hé chéng de guān jié tì dài

特殊材料人工合成的关节替代

pǐn rén zào guān jié céng cǎi yòng bù xiù gāng lái

品。人造关节曾采用不锈钢来

zhì zuò hòu lái yòu fā zhǎn le gǔ hé jīn cái

制作，后来又发展了钴合金材

liào jìn lái yòu fā zhǎn le tài jí tài hé jīn

料。近来又发展了钛及钛合金

cái liào hán tài cái liào bù dàn nài fǔ shí

材料，含钛材料不但耐腐蚀，

ér qiě bǐ zhòng xiǎo gèng yì yǔ gǔ zhǎng zài yì

而且比重小，更易与骨长在一

qǐ shì lǐ xiǎng de cái liào

起，是理想的材料。

⬆ 钛合金材料的人工关节。人工关
节金属部件之间一般都垫有高密度超高分
子量聚乙烯塑料。

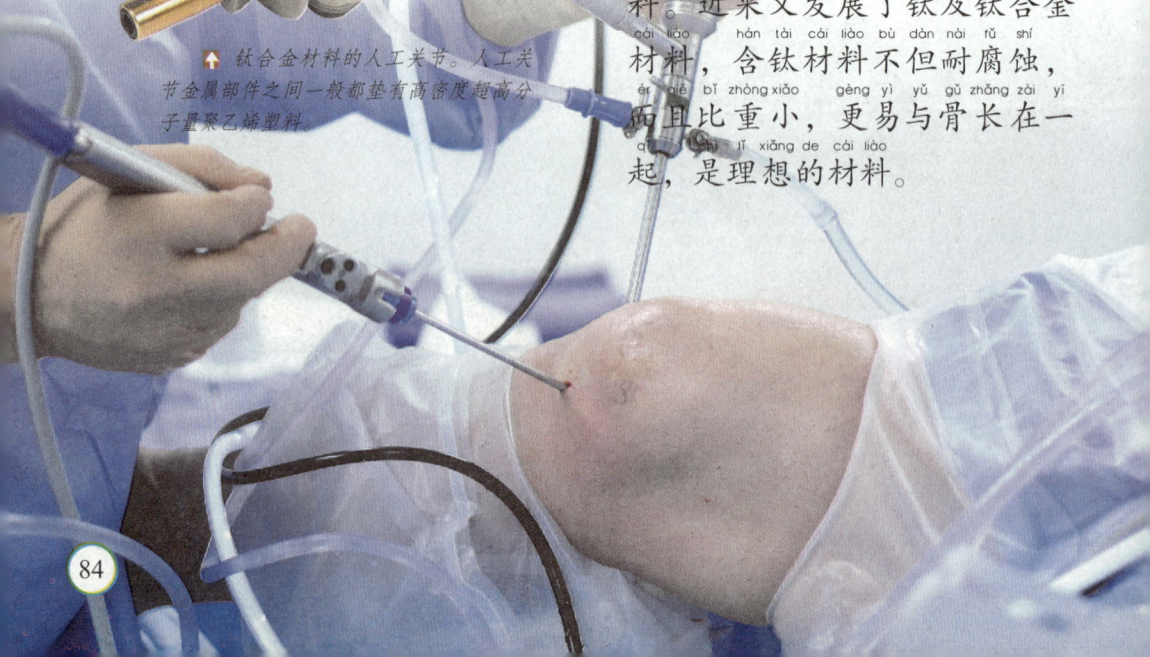

发展历程

人工关节手术已有一百多年的历史，1890年，有人用象牙制成了下颌关节；1938年，用不锈钢做成的髋臼与股骨头出现并被成功植入人体；1958年用聚四氟乙烯髋臼和金属股骨头制成低摩擦的人工关节投入使用；1962年，全髋人工关节投入使用。

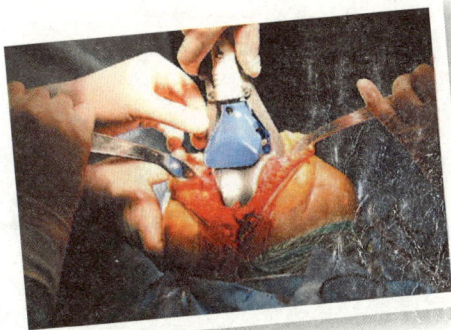

▲ 植入人体的人工关节

▲ 人工关节

人工关节手术

目前人工关节已应用于治疗肩关节、肘关节、腕关节等疾患，但以全人工髋关节及膝关节置换最为普遍。目前全世界每年有大约80万人做了人工关节手术，而且有逐年增多的趋势。

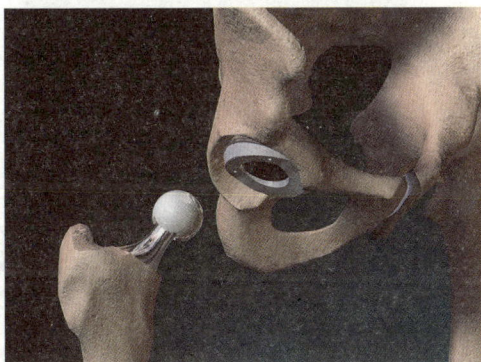

活动不受限

现在人工关节手术是医学上取得的最成功的手术之一，非常安全，不仅可以即刻消除关节疼痛、恢复关节的正常活动功能，手术后可以像正常人那样，行走、爬楼、外出旅行、外出工作、购物和体育锻炼等。

国家	英国
发明时间	1962年
发明者	约翰·查恩雷
类别	医学用品

▲ 手术后病人可以走路

shēng mìng de mì mǎ
生命的密码

基因
jī yīn

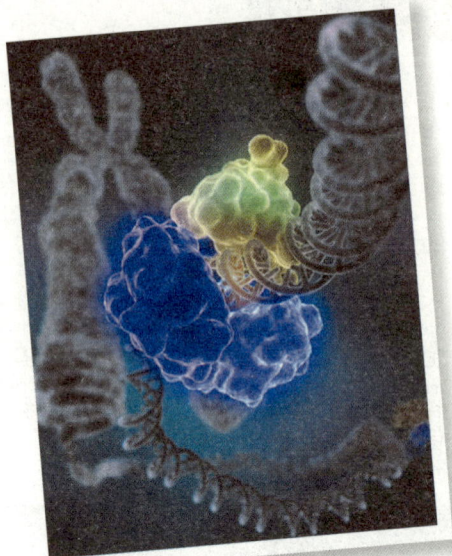

↑ 基因

xiǎo hái zi yuè zhǎng yuè xiàng qí fù mǔ　zhè shì
小孩子越长越像其父母，这是
wèi shén me　tóng yī duì fū fù　shēng chū lái de jǐ
为什么？同一对夫妇，生出来的几
gè hái zi gè yǒu tè diǎn　zhè yòu shì wèi shén me　qí
个孩子各有特点，这又是为什么？其
shí　zhè lǐ yǒu yī gè guī lǜ　nà jiù shì jī yīn
实，这里有一个规律，那就是基因。

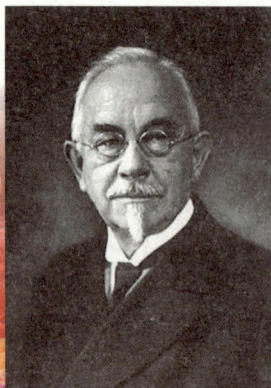

↑ 约翰森

shén me shì jī yīn
什么是基因

jī yīn zhè gè míng cí shì　　　　nián yóu yī chuán xué jiā
基因这个名词是1909年由遗传学家
yuē hàn sēn tí chū lái de　gù míng sī yì　jī yīn bù jǐn shì
约翰森提出来的。顾名思义，基因不仅是
shēng wù tǐ bǎ mǒu zhǒng tè zhēng yí chuán gěi xià yī dài　yě shì
生物体把某种特征遗传给下一代，也是
zhǐ shēng wù tǐ jù yǒu mǒu zhǒng dú tè de xìng néng
指生物体具有某种独特的性能。

染色体

细胞

人类基因组包含
30 000个基因片段

国　家	丹麦
发明时间	1909年
发明者	约翰森
类　别	生物医学

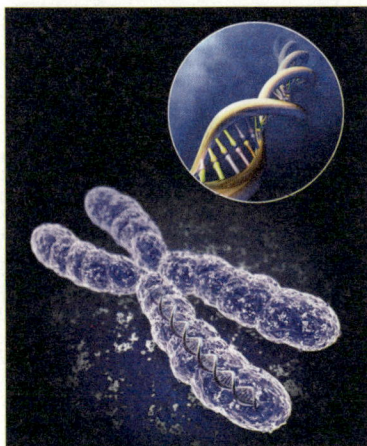

基因的遗传

基因通过复制把遗传信息传递给下一代，使后代出现与上一代相似的性状。人类有几万个基因，储存着人的生、长、老、病等全部信息，也是决定人体健康的密码。这就是为什么子女像父母或者先天性疾病遗传的秘密。

基因草图的绘制将为疾病的预防、诊断和治疗带来前所未有的转变，对可能患某种疾病的病人发出预告。

基因的变异

但有的子女不完全像父母，或者子女之间哪怕是双胞胎仍然有差异，这又是什么原因呢？这是基因变异，是指下一代在继承上一代性状时又产生上一代没有的新性状。这就是同一夫妇的几个孩子各不相同或者矮个子父母也能生出大个子孩子的原因。

DAN双螺旋结构

GACTCCTGA GGAGAAG
CTGAGGACT CCTCTTC ✓

基因工程

基因工程是指人为改变和控制基因的遗传和变异，使遗传和变异朝着有利的方向发展。现在，人们运用基因工程技术，不但可以培养优质、高产、抗性好的农作物及畜、禽新品种，还可以培养出具有特殊用途的动、植物。

GACTCCTG T GGAGAAG
CTGAGGACA CCTCTTC ✗

错误的基因

A（腺嘌呤）、T（胸腺嘧啶）、C（鸟嘌呤）、G（胞嘧啶），每个基因有几百甚至几万个碱基对。碱基的排列一旦发生变化，就会导致基因突变。

不孕不育患者的福音

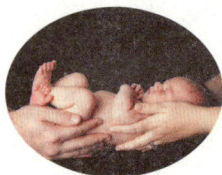

试管婴儿

试管婴儿技术是指卵子和精子在体外受精，然后再将胚胎移植入母体子宫进行发育，正常分娩的技术。该技术首先由英国产科医生帕特里克·斯特普托和生理学家罗伯特·爱德华兹合作研究成功。

↑ 罗伯特·爱德华兹

↑ 世界上第一个试管婴儿

第一个试管婴儿降生

1978年世界上第一个试管婴儿在英国诞生，引起了世界科学界的轰动，帕特里克·斯特普托和罗伯特·爱德华兹名声远播。爱德华兹因此在2010年获得诺贝尔医学奖。

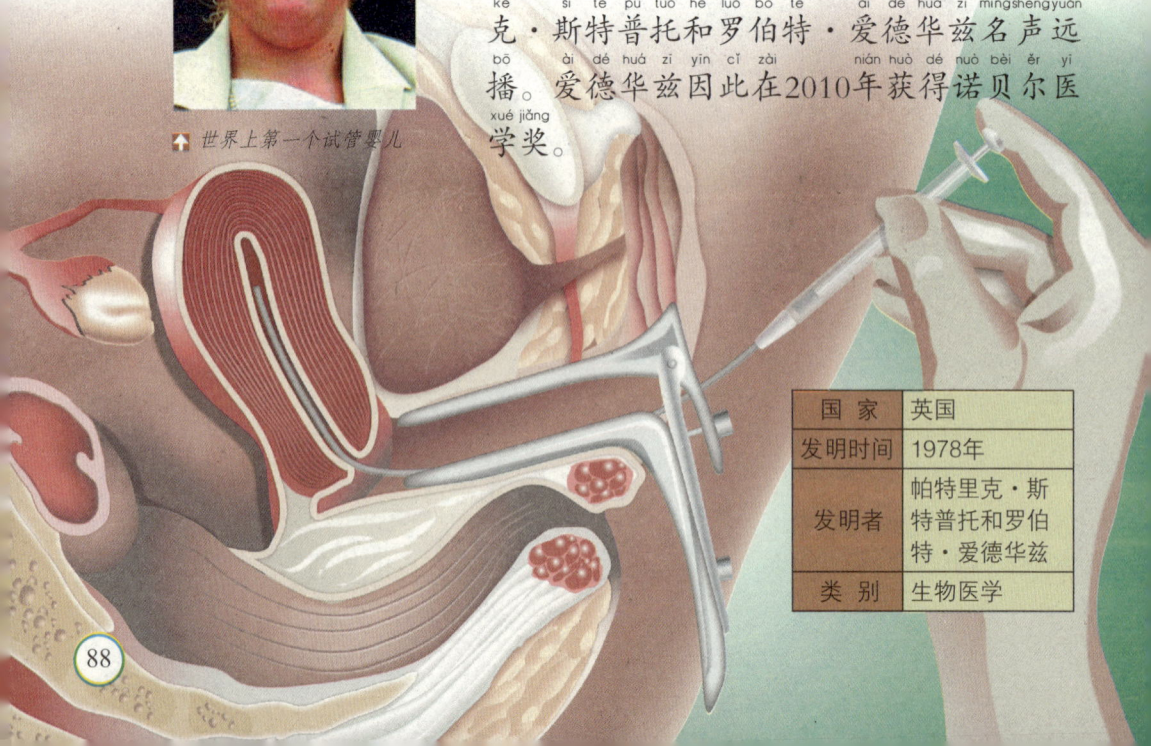

国家	英国
发明时间	1978年
发明者	帕特里克·斯特普托和罗伯特·爱德华兹
类别	生物医学

试管婴儿技术的意义

试管婴儿技术直接解决了不孕不育症对人们的困扰；对于有某些遗传性疾病的夫妇，可以通过选择正常的胚胎，从而获得健康的后代。

▶ 选择正常的胚胎

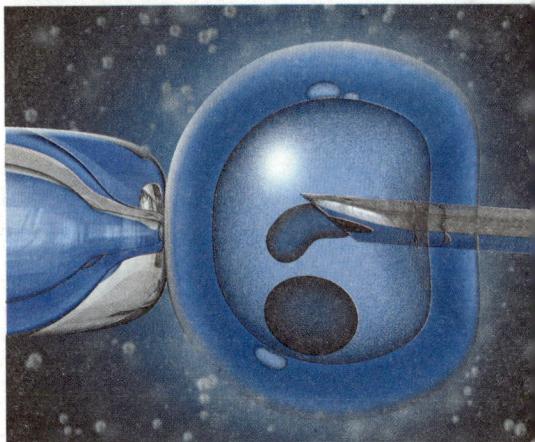

↑ 我国首例试管婴儿郑萌珠

中国的试管婴儿

1988年3月10日中国首个试管婴儿郑萌珠降生，是由我国第一例"试管婴儿"。中国用十年时间就赶上了世界科技水平。现在，中国的试管婴儿已经超过一万人。

伦理问题

由于许多无法生育的妇女需要接受赠卵来进行试管婴儿手术，而捐赠秩序混乱，容易造成近亲结婚，所以，必须进行严格管理。

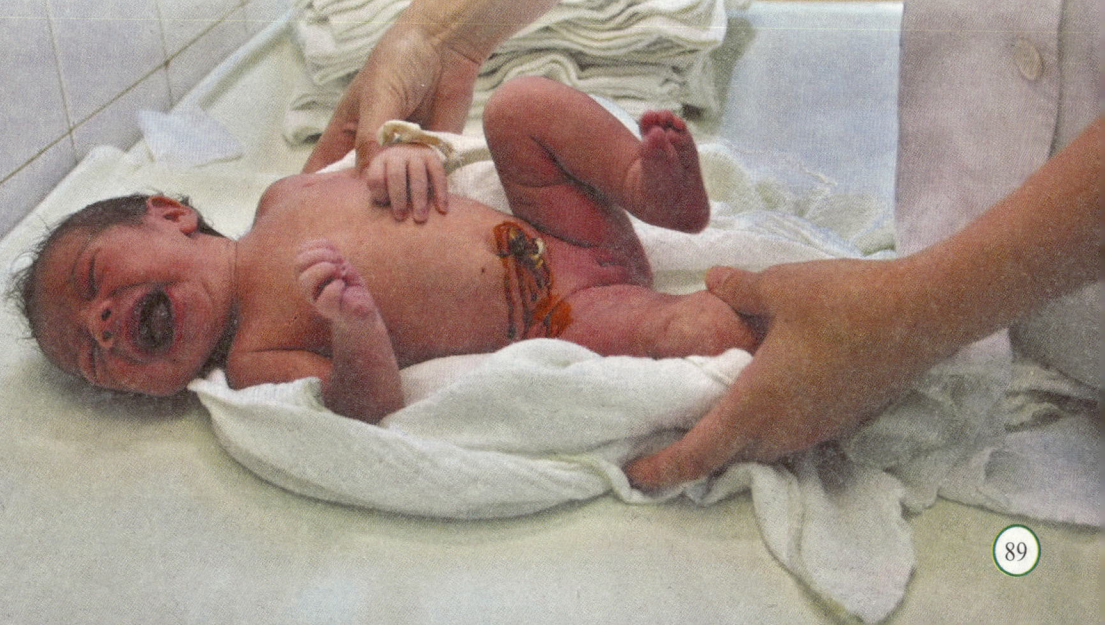

复制！再复制！

克隆技术

1996年，英国科学家伊恩·维尔穆特博士克隆出一只基因结构与供体完全相同的小羊"多利"，震惊世界。这是第一例成功的动物克隆实验。

↑ 世界第一只克隆羊"多利"

什么是克隆

克隆技术就是利用生物技术，由无性生殖产生与原个体有完全相同基因组后代的过程，它的最大特点是无性繁殖，被形象地称为"生物放大技术"。克隆一个生物体意味着创造一个与原先生物体具有完全一样的遗传信息的新生物体。

↑ 克隆技术中的细胞培养

↑ 很多植物都是通过克隆这样的无性生殖方式从单一植株获得大量的子代个体。

国家	英国
发明时间	1996年
发明者	伊恩·维尔穆特
类别	生物医学

发展阶段

克隆技术，已经经历了三个发展阶段：微生物克隆，即用一个细菌很快复制出成千上万个和它一模一样的细菌；生物技术克隆，比如用遗传基因；动物克隆，即由一个细胞克隆成一个动物，比如克隆绵羊"多利"。

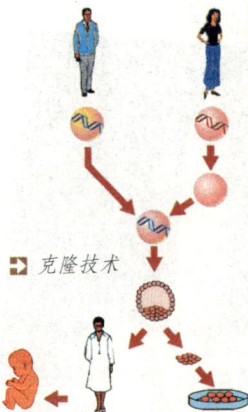

克隆技术

克隆技术的过程

基本过程是先将含有遗传物质的供体细胞的核移植到去除了细胞核的卵细胞中，使两者融合为一体，然后促使这一新细胞发育成胚胎，再植入动物子宫中使动物怀孕，使其产下与提供细胞者基因相同的动物。

动物克隆示意图

克隆技术的利弊

克隆技术在医学上有极大的用处，可以复制人体器官。同时还可以用于保护濒危物种。但是，克隆人是可怕的，他可以复制出两个相同的人，这会出现伦理问题，人类目前无法接受。

克隆人会引发伦理危机

四大发明之一
sì dà fā míng zhī yī

火药
huǒ yào

huǒ yào yòu bèi chēng wéi hēi huǒ yào yóu liú
火药又被称为黑火药，由硫
huáng xiāo shí mù tàn hùn hé ér chéng shì zhōng
黄、硝石、木炭混合而成。是中
guó sì dà fā míng zhī yī rén lèi wénmíng shǐ shang de
国四大发明之一，人类文明史上的
yī xiàng jié chū de chéng jiù huǒ yào zài jūn shì shang
一项杰出的成就。火药在军事上
zhǔ yào yòng zuò qiāng dàn pào dàn de fā shè yào hé huǒ
主要用作枪弹、炮弹的发射药和火
jiàn dǎo dàn de tuī jìn jì jí qí tā qū dòng zhuāng
箭、导弹的推进剂及其他驱动装
zhì de néng yuán shì dàn yào de zhòng yào zǔ chéng bù
置的能源，是弹药的重要组成部
fen
分。

⬆ 火药适用于火箭

火药的发明
huǒ yào de fā míng

huǒ yào de yán jiū shǐ yú gǔ dài liàn dān shù cóng zhàn
火药的研究始于古代炼丹术。从战
guó zhì hàn chū dì wáng guì zú men wèi le zhuī qiú chángshēng bù
国至汉初，帝王贵族们为了追求长生不
lǎo qū shǐ yī xiē fāng shì dào shi liàn xiān dān zài
老，驱使一些方士道士炼"仙丹"，在
liàn zhì guò chéngzhōng zhú jiàn fā míng le huǒ yào
炼制过程中逐渐发明了火药。

⬆ 古代炼丹术

⬇ 黑火药

国　家	中国
发明时间	战国至汉初
发明者	不详
类　别	化学

火药武器

火药在密闭的容器内燃烧就会发生爆炸。用在军事上可以制造火炮，我国北宋时期，已经把火炮用在战场上，威力无穷。以后各朝，也发明了火箭，火铳等武器，在战场上发挥了很大作用。

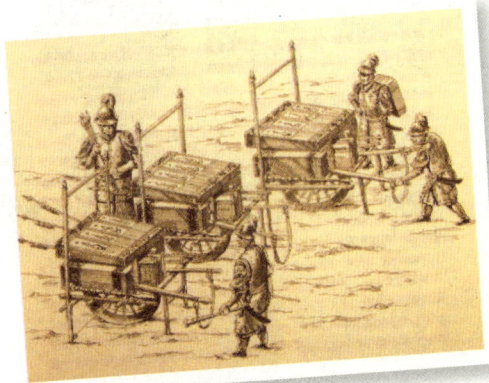
⬆ 明朝的火箭车

火药的传播

13世纪火药是由商人经印度传入阿拉伯国家，后又传到欧洲，在战场上同样发挥了作用。在中世纪，大炮将那些欧洲贵族坚不可摧的城堡彻底摧毁。

⬆ 欧洲中世纪的攻城火炮

现代火药

现代火药起源1771年，英国的彼得·沃尔夫合成了一种猛炸药——苦味酸。1863年，约瑟夫·威尔勃兰德发明出了梯恩梯。它在20世纪初开始广泛用于装填各种弹药和进行爆炸，逐渐取代了苦味酸。1872年，诺贝尔又在硝化甘油中加入硝化纤维，发明了一种树胶样的胶质炸药——胶质达纳炸药，这是世界上第一种双基炸药。

⬆ 诺贝尔

源于中国
yuán yú zhōng guó

造纸术
zào zhǐ shù

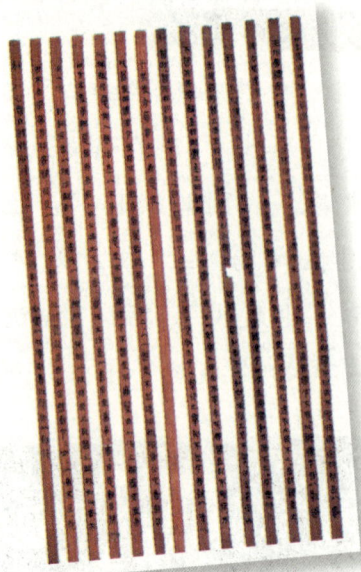

↑ 木简

造纸术是中国四大发明之一，也是人类文明史上的一项杰出的发明创造。早在西汉时期，我国劳动人民就已经掌握了造纸的技术。在此之前人们用竹简或者缣帛来作为书写的载体。

蔡伦造纸
cài lún zào zhǐ

长期以来，人们一直认为纸是东汉宦官蔡伦发明的。公元105年，蔡伦改进了造纸术，以树皮、麻头、破布、旧渔网等为原料造纸。扩大了纸的原料来源，降低了纸的成本。纸张的广泛应用，为文化的传播创造了有利的条件。

↑ "纸圣" 蔡伦

→ 传统的造纸

国　家	中国
发明时间	西汉
发明者	中国劳动人民
类　别	材料

古代造纸术的工艺

蔡伦之后，造纸术不断改进，但大体工序基本一样，主要有6道工序，分别是：泡竹，用嫩竹作原料，把嫩竹泡在池塘里；煮竹，把泡好的嫩竹同石灰一起放入木桶蒸煮；捣浆，将蒸煮好的竹子捣成烂泥；荡料，使竹浆粘在竹帘子上；压纸，挤压去过多的水分；焙干，天然晒干。

⬆ 古代造纸术制作流程

造纸术的传播

造纸术首先传入与我国毗邻的朝鲜和越南，随后传到了日本。纸浆主要由麻、藤条、竹子、麦秆中的纤维提取。西晋时，越南人也掌握了造纸技术。中国的造纸技术也传播到了中亚的一些国家，并从此通过贸易传播到了印度和欧洲。

⬆ 欧洲的造纸厂

现代造纸术

1797年，法国人尼古拉斯·路易斯·罗伯特成功地发明了用机器造纸的方法，从蔡伦时代起中国人持续领先近2 000年的造纸术终于被欧洲人超越。现代造纸术则更加方便快捷，一般步骤都用机器来完成。

⬆ 现代机械造纸

文明之母

印刷术

▲ 世界活字印书第一人——毕昇

印刷术也是中国古代四大发明之一。在人类文明史上的光辉篇章，促进了人类文明的进步，被誉为文明之母。但作为一门技术，它有一个产生过程，并不是突然被一个人发明，很多人为它作出过贡献。

▲ 这卷印刷精美的《金刚经》可是稀世珍宝

雕版印刷

真正的印刷术开始于我国隋朝的雕版印刷。工人在印刷之前在一张木板上把文章反刻出来，这个过程很麻烦，但比手抄效率高多了，也避免了抄写时出现的笔误。 1900年，在敦煌莫高窟发现了世界现存最古老的雕版印刷书籍——《金刚经》。

国家	中国
发明时间	隋朝
发明者	中国劳动人民
类别	印刷术

▼ 雕版印刷

活字印刷的出现

宋朝的毕昇发展、完善了印刷术，他用胶泥把单个汉字造出来用火烧硬。只把汉字按需要排列起来，固定在一张铁板上，这就是排版。以后任何书都可以重复利用这些汉字。这就是活字印刷。

⬆ 北宋活字版

印刷术的传播

我国的雕版印刷术和活字印刷技术向东先后传到朝鲜半岛、日本；向西由新疆经波斯、埃及传入欧洲。欧洲直到14世纪末才出现雕版印刷，活字印刷到15世纪才传入欧洲。

⬅ 欧洲早期的印刷

近代印刷术

15世纪，德国人谷登堡对活字印刷加以改进。他创造的铅合金活字版印刷术，是当代印刷方法之一。谷登堡在活字材料的改进、脂肪性油墨的应用，以及印刷机的制造方面，都取得了巨大的成功，从而奠定了现代印刷术的基础。谷登堡被公认为现代印刷术的创始人。

⬆ 谷登堡

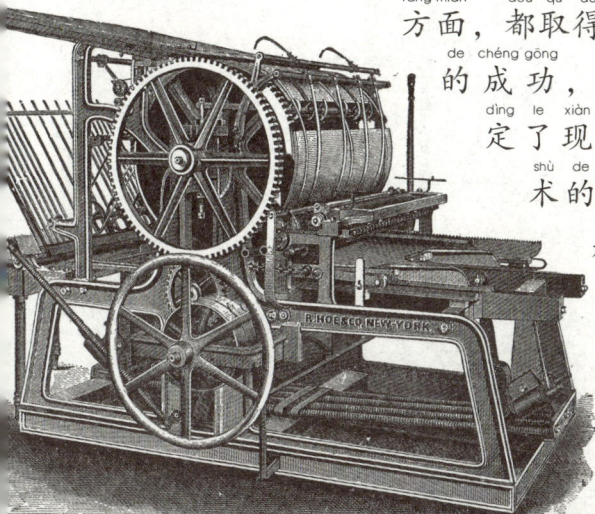

🔥 谷登堡不仅发明了铅合金活字版印刷术，而且还制造了印刷机。

<ruby>用<rt>yòng</rt></ruby><ruby>途<rt>tú</rt></ruby><ruby>广<rt>guǎng</rt></ruby><ruby>泛<rt>fàn</rt></ruby>

<ruby>玻<rt>bō</rt></ruby> <ruby>璃<rt>li</rt></ruby>

玻璃是一种较为透明的固体物质，非金属材料，广泛应用于建筑物，用来隔风透光，但传统的玻璃都是比较脆的。

↑ 玻璃窗

玻璃不是人类的发明

玻璃并不是人类的创造。玻璃最初由火山喷出的酸性岩凝固而成。也不是近代工业的特产。约公元前3700年，古埃及人已制出玻璃装饰品和简单玻璃器皿，当时只有有色玻璃。

↑ 古埃及时期的玻璃器皿

↓ 古埃及人制作玻璃的壁画

国 家	埃及
发明时间	约公元前3700年
类 别	非金属材料

人工玻璃

我们现在使用的玻璃是由石英砂、纯碱、长石及石灰石经高温制成的。早在3 000年前，腓尼基人就掌握了制造玻璃的技术。1688年，一名叫纳夫的人发明了制作大块玻璃的工艺，从此，玻璃成了普通的物品。

⬆ 玻璃制作

平板玻璃

18世纪，为适应研制望远镜的需要，制出光学玻璃。1873年，比利时首先制出平板玻璃。1906年，美国制出平板玻璃引上机。此后，随着玻璃生产的工业化和规模化，各种用途和各种性能的玻璃相继问世。现代，玻璃已成为日常生活、生产和科学技术领域的重要材料。

⬆ 平板玻璃

玻璃的用途

现代工艺的玻璃产品琳琅满目，用途广泛。我们的窗户要用玻璃；汽车要用玻璃；高楼大厦装修要用玻璃；瓶瓶罐罐鱼缸也要用玻璃。总之，我们的生活已经离不开玻璃了。

⬆ 玻璃制作的工艺品

世界上第一种合成纤维

尼龙

尼龙是一种家喻户晓的工业产品，在日常生活中尼龙制品比比皆是，但是知道尼龙历史的人就很少了。尼龙是世界上首先研制出的一种合成纤维，在第二次世界大战期间，尼龙丝袜曾风靡全球。人们曾用"像蛛丝一样细，像钢丝一样强，像绢丝一样美"的词句来赞誉这种纤维。

⬆ 从1939年10月开始，杜邦公司开销售尼龙丝长袜引起轰动，被视为珍奇之物争相抢购。

⬆ 现在的尼龙更受人们欢迎

尼龙引起的轰动

1935年2月28日，美国杜邦公司的卡罗瑟斯和他的同事们合成出聚酰胺66。这种聚合物在结构和性质上更接近天然丝，拉制的纤维具有丝的外观和光泽，其耐磨性和强度超过当时任何一种纤维，尤其是制成的丝袜非常耐穿。

国家	美国
发明时间	1935年
发明者	杜邦公司
类别	合成纤维

大受欢迎的钢种
dà shòu huān yíng de gāng zhǒng

不锈钢
bù xiù gāng

不锈钢是不锈耐酸钢的简称。具有不易产生腐蚀、点蚀、锈蚀或磨损，表面长久保持光滑的特性。现在不锈钢还是建筑用金属材料中强度最高的材料之一。含铬不锈钢还集机械强度和高延伸性于一身，易于部件的加工制造，受到建筑师和设计人员的普遍欢迎。

↑ 不锈钢杯子

▶ 遗憾
yí hàn

1911年，德国人用12%的铬，混合7%的镍、3%的硅和钨发明了这种钢材。然而遗憾的是，他们并不十分清楚它的用途。

↑ 不锈钢管

国　家	英国
发明时间	1912年
发明者	布里尔利
类　别	金属材料

大胆的想象
dà dǎn de xiǎng xiàng

1912年，英国科学家布里尔利在实验中发现该合金钢是一种强烈腐蚀性溶液奈何不得的不锈之物。他后来用这种钢材制作了世界上第一把不锈钢水果刀。今天，这把小刀仍在英国皇家博物馆的橱窗里展出。

高分子化合物
gāo fēn zǐ huà hé wù

人造纤维
rén zào xiān wéi

用某些天然高分子化合物或其衍生物做原料，经溶解后制成纺织溶液，然后纺制成纤维。竹子、木材、甘蔗渣、棉子绒等都是制造人造纤维的原料。根据人造纤维的形状和用途，分为人造丝、人造棉和人造毛三种。

⬅ 法国化学家查唐纳特

⬆ 人造纤维

研究过程
yán jiū guò chéng

1855年，安德玛斯制取了拉延的纤维。1884年，法国化学家查唐纳特制造出了最早的人造丝。1890年，德国布伦内和弗雷梅制成铜氨人造丝。1891年，英国化学家克鲁斯和贝文制成黏胶人造丝。

国家	法国
发明时间	1884年
发明者	查唐纳特
类别	人造纤维

人造丝

人造丝是一种丝质的人造纤维，许多性能都与其他纤维例如棉和亚麻纤维的性能相同。此纤维可以干洗，也可水洗，不会产生静电或起球现象，价格也不贵。人造丝的最终用途在服装、室内装饰和工业领域。

人造丝做成的衣服 ➡

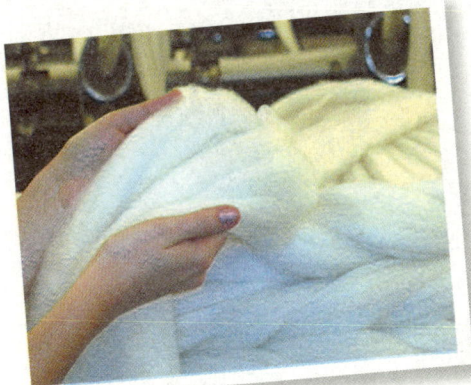

人造棉

人造棉，棉型人造短纤维的俗称。主要品种为以纤维素或蛋白质等天然高分子化合物的原料经过化学加工纺制的如棉型黏胶短纤维。其规格与棉纤维相似，手感比棉纤维更光滑些。

⬆ 人造棉

人造毛

人造毛是用黏胶制成的，细度、长度、外观与羊毛相似的毛型短纤维，所以称它为"人造毛"。用于做服装的人造毛织物一般都经过树脂整理。吸湿性好，穿着舒适，色泽鲜艳，价格便宜。

人造毛做成的衣服 ➡

yǒu lì yě yǒu hài
有利也有害

sù liào
塑料

diàn lì gōng yè chū xiàn hòu　　shì chǎng jiù xū yào
电力工业出现后，市场就需要

dà liàng de jué yuán cái liào　zhè shì sù liào chū xiàn de bèi
大量的绝缘材料，这是塑料出现的背

jǐng　sù liào shì yī zhǒng rén gōng hé chéng cái liào　dà
景。塑料是一种人工合成材料，大

zì rán lǐ běn lái méi yǒu　　　nián　měi guó rén liè
自然里本来没有。1907年，美国人列

ào　hēng dé lǐ kè　bèi kè lán jiāng tā fā míng de
奥·亨德里克·贝克兰将他发明的

sù liào chǎn pǐn shēn qǐng le zhuān lì　tā yě bèi chēng
塑料产品申请了专利。他也被称

wéi sù liào zhī fù
为塑料之父。

↑ 塑料制品

yìng yòng guǎng fàn
应用广泛

sù liào de yìng yòng fēi cháng guǎng fàn　　　zài xùn sù fā zhǎn de
塑料的应用非常广泛。在迅速发展的

qì chē　wú xiàn diàn hé diàn lì gōng yè zhòng　tā bèi zhì chéng chā
汽车、无线电和电力工业中，它被制成插

tóu　chā zuò　shōu yīn jī hé diàn huà wài ké　luó xuán jiǎng　fá
头、插座、收音机和电话外壳、螺旋桨、阀

mén　chǐ lún　guǎn dào　zài jiā tíng zhòng　tā chū xiàn zài tái
门、齿轮、管道。在家庭中，它出现在台

qiú　bǎ shǒu　àn niǔ　dāo bǐng　zhuō miàn　yān dǒu　bǎo wēn
球、把手、按钮、刀柄、桌面、烟斗、保温

píng　diàn rè shuǐ píng　gāng bǐ hé rén zào zhū bǎo shang　xiàn
瓶、电热水瓶、钢笔和人造珠宝上……现

zài　kě yǐ shuā sù liào wú chù bù zài
在，可以说塑料无处不在。

国　家	美国
发明时间	1907年
发明者	列奥·贝克兰
类　别	合成材料

塑料的用途

最初的塑料因其绝缘、稳定、耐热、耐腐蚀、不可燃，在迅速发展的汽车、无线电、电力工业和家庭生活中，用途非常广泛。被贝克兰称为"千用材料"。

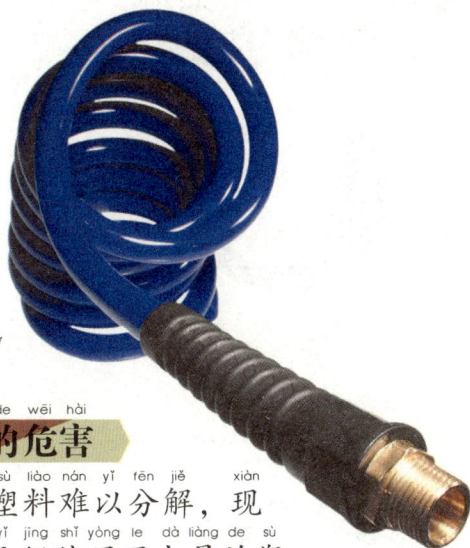

塑料是很好的绝缘体 ➡

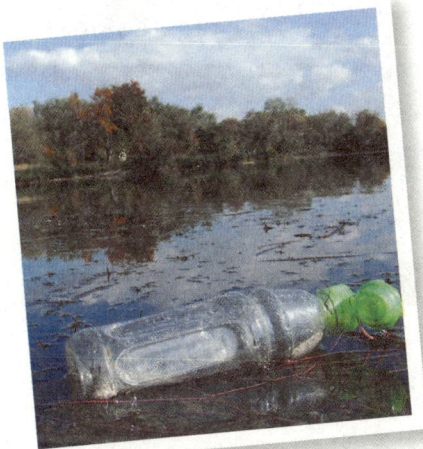

塑料的危害

但是塑料难以分解，现在，人类已经使用了大量的塑料，造成的垃圾无法被大自然消化，在太平洋上形成了两个"垃圾岛"，足足有两个得克萨斯州那么大！对水的污染很严重，同时，被鱼和海鸟吞噬之后很可能转化成人类的食物！

⬆ 现在塑料也被称为"白色垃圾"

趋利避害

为了继续发挥塑料的绝缘性能，同时也为了保护环境，人们一方面研究新型的可降解塑料，目前已取得很好的效果；另一方面，各国政府加强了对塑料需求的限制。

⬆ 现在塑料对环境污染非常大

亦金亦陶
yì jīn yì táo

金属陶瓷
jīn shǔ táo cí

金属陶瓷是由陶瓷与金属或合
jīn shǔ táo cí shì yóu táo cí yǔ jīn shǔ huò hé
组成的合成材料。具有金属的韧
jīn zǔ chéng de hé chéng cái liào
性、高导热性和良好的热稳定性，
xìng gāo dǎo rè xìng hé liáng hǎo de rè wěn dìng xìng
又具有陶瓷的耐高温、耐腐蚀和耐
yòu jù yǒu táo cí de nài gāo wēn nài fǔ shí hé nài
磨损等特性。目前，广泛地应用于
mó sǔn děng tè xìng mù qián guǎng fàn de yìngyòng yú
火箭、导弹、超音速飞机的外壳、燃
huǒ jiàn dǎo dàn chāo yīn sù fēi jī de wài ké rán
烧室的火焰喷口等地方。
shāo shì de huǒ yàn pēn kǒu děng dì fang

🔶 金属陶瓷

优点多多
yōu diǎn duō duō

金属陶瓷既有金属的优点
jīn shǔ táo cí jì yǒu jīn shǔ de yōu diǎn
又有陶瓷的优点，它密度小、
yòu yǒu táo cí de yōu diǎn tā mì dù xiǎo
硬度高、耐磨、导热性好，不
yìng dù gāo nài mó dǎo rè xìng hǎo bù
会因为骤冷或骤热而脆裂。另
huì yīn wèi zhòu lěng huò zhòu rè ér cuì liè lìng
外，在金属表面涂一层气密性
wài zài jīn shǔ biǎo miàn tú yī céng qì mì xìng
好、熔点高、传热性能很差的
hǎo róng diǎn gāo chuán rè xìng néng hěn chà de
陶瓷涂层，也能防止金属或合
táo cí tú céng yě néng fáng zhǐ jīn shǔ huò hé
金在高温下氧化或腐蚀。
jīn zài gāo wēn xià yǎng huà huò fǔ shí

🔶 金属陶瓷

🔶 金属陶瓷是火箭外壳的重要材料，
它能经得起激烈的机械震动和温度变化。

装甲卫士 zhuāng jiǎ wèi shì

凯夫拉 kǎi fū lā

凯夫拉是美国杜邦公司20世纪60年代研制的一种芳纶纤维材料产品的品牌名。由于这种新型材料密度低、强度高、韧性好、耐高温、易于加工和成型，具有刀枪不入的特殊本领，常常用在军事上，被称之为"装甲卫士"。

⬆ 凯夫拉在军事上被称为"装甲卫士"

刚柔并济的凯夫拉

⬆ 凯夫拉分子结构

与其他装甲材料相比，在相同的防护情况下，"凯夫拉"材料的重量减少了一半，并且"凯夫拉"材料的韧性是钢的3倍，经得起反复撞击。"凯夫拉"薄板与钢装甲结合使用更是威力无比。如果采用"凯夫拉"的装甲，能防穿甲厚度为700毫米的反坦克导弹，还可防中子弹。

国家	美国
发明时间	20世纪60年代
发明者	杜邦公司
类别	合成材料

太空金属
tài kōng jīn shǔ

钛
tài

jīn shǔ tài zǎo zài　　shì jì mò qī jiù bèi rén lèi
金属钛早在18世纪末期就被人类
fā xiàn　　yǐ jīng yǒu liǎng bǎi duō nián le　kě shì rén
发现，已经有两百多年了。可是，人
men duì tài de rèn shi què shí jiān bù cháng　　shì jì
们对钛的认识却时间不长。20世纪
nián dài　rén men cái kāi shǐ zǒu jìn tài
40年代，人们才开始走近钛。

↑ 钛

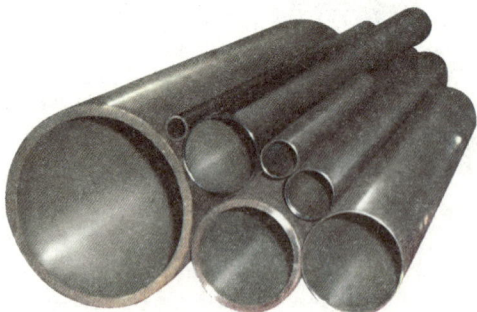

↑ 钛钢管

含量多
hán liàng duō

dì qiú shang tài de hán liàng fēi cháng fēng fù　　zhàn
地球上钛的含量非常丰富，占
dì qiú zhòng liàng de　　　　tài zī yuán jǐn cì yú
地球重量的0.61%，钛资源仅次于
tiě　lǚ hé měi　jū yú dì sì wèi
铁、铝和镁，居于第四位。

↓ 汽车内件也可用到钛

太空金属

　　钛兼有钢和铝的优点，相同体积的钛和钢相比，钛比钢轻一半，且耐热性能好，熔点高达1 660℃。是制造飞机、火箭和宇宙飞船等最好的材料。钛被誉为"太空金属"。

⬆ 钛和钛的合金大量用于航空工业，有"太空金属"之称。

⬆ 有人曾把一块钛沉到海底，五年以后取上来一看，上面粘了许多小动物与海底植物，依旧亮闪闪的。

抗腐蚀能力强

　　钛具有优良的抗腐蚀性，特别是对海水的抗腐蚀力很强。用钛制造的轮船不用涂漆，在海水中也不会生锈。

航海、潜艇离不了

　　由于钛非常结实，又没有磁性，用钛制造的军舰、潜水艇，不会被磁性水雷发现和跟踪。而且能抗深水压力。钛潜水艇能在深达4 500米的海水下航行。这是一般潜水艇不能达到的深度。

金属魔术师
jīn shǔ mó shù shī

记忆金属
jì yì jīn shǔ

记忆合金指的是金属在某一温度条件下保持一种形状，温度变化以后，形状也发生变化，而当温度还原以后，形状也跟着还原。

↑ 记忆金属

不经意间的收获
bù jīng yì jiān de shōu huò

1951年和1953年，美国人先后两次在试验中发现了金-镉合金有形状记忆特性，当时并未引起重视，1963年发现镍-钛合金具有形状记忆特性后，科学家们掀起了这类合金研究的热潮。

国家	美国
发明时间	1951—1953年
类别	金属材料

记忆合金眼镜

用超弹性钛镍合金丝做眼镜框架，即使镜片热膨胀，该形状记忆合金丝也能靠超弹性的恒定力夹牢镜片。这些超弹性合金制造的眼镜框架的变形能力很大，而普通的眼镜框则不能做到。

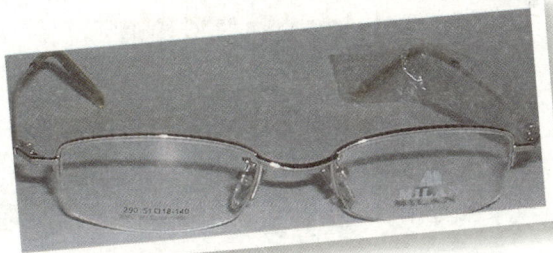

⬆ 记忆合金眼镜

记忆合金人造心脏

用记忆合金制成的肌纤维与弹性体薄膜心室相配合，可以模仿心室收缩运动。如果研制成功，定会比传统的人造心脏方便得多。

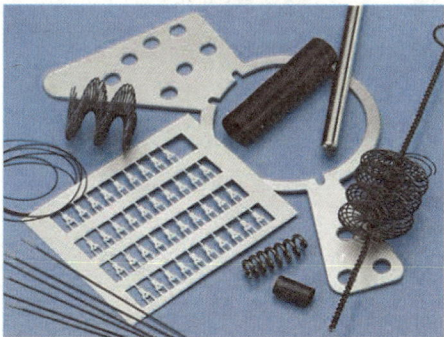

⬆ 记忆合金的作用非常广泛

记忆合金是一种颇为特别的金属条，它极易被弯曲。➡

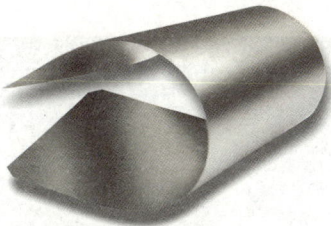

前景展望

记忆合金还具有无磁性、耐磨耐蚀、无毒性的优点，因此应用十分广泛。记忆合金目前已发展到几十种，在航空、军事、工业、农业、医疗等领域有着特殊用途，而且发展趋势十分可观。

高科技的产物

gāo kē jì de chǎn wù

纳米材料

nà mǐ cái liào

纳米级结构材料简称为纳米材料，是指其结构单元的尺寸介于1纳米～100纳米范围之间，1纳米等于10万分之一毫米。纳米材料大致可分为纳米粉末、纳米纤维、纳米膜、纳米块体四类。

⬆ 纳米管碳纳米管是一种奇异分子，它是使用一种特殊的化学方法，使碳原子形成长链来生长出的超细管子，细到5万根并排起来才有一根头发丝宽。

⬆ 英特尔公司研制的微处理器32纳米芯片

家电

jiā diàn

用纳米材料制成的纳米材料多功能塑料，具有抗菌、除味、防腐、抗老化、抗紫外线等作用，可用为作电冰箱、空调外壳里的抗菌除味塑料。纳米材料因其光吸收率大的特色，可应用于红外线感测器材料。

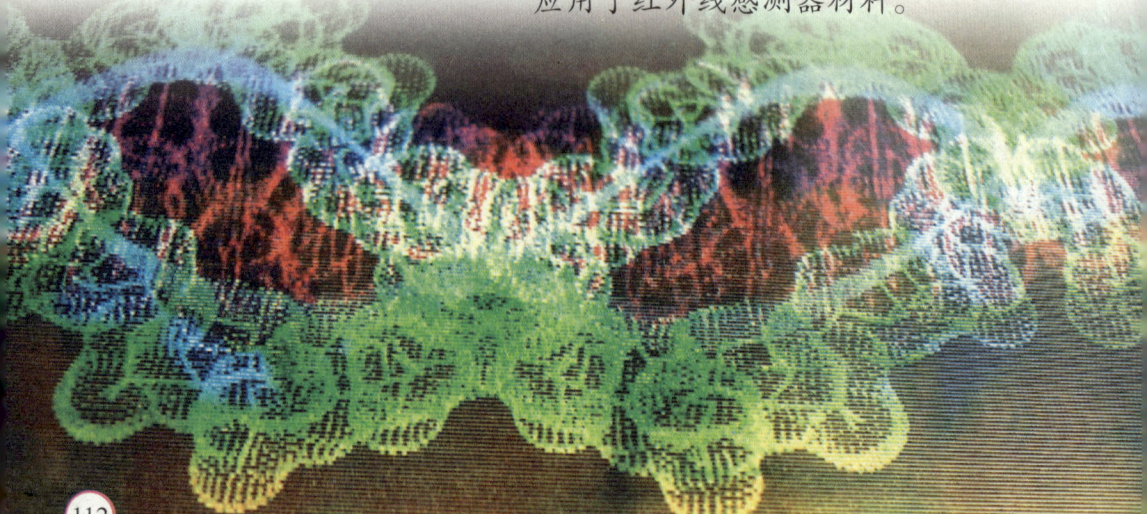

航天 háng tiān

在航天用的氢氧发动机中，燃烧室的内表面需要耐高温，其外表面要与冷却剂接触，当用金属和陶瓷纳米颗粒按其含量逐渐变化的要求混合后烧结成型时，就能达到燃烧室内侧耐高温、外侧有良好导热性的要求。

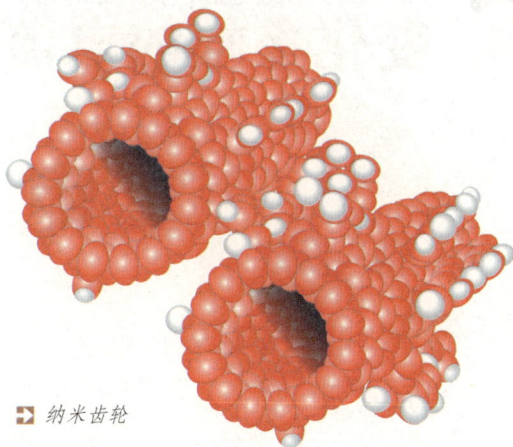

➡ 纳米齿轮

⬆ 乔治亚理工大学教授王中林先生持有样品高分子纳米线阵列，可为纳米级装置提供动力。

机械工业 jī xiè gōng yè

采用纳米材料技术对机械关键零部件进行金属表面纳米粉涂层处理，可以提高机械设备的耐磨性、硬度和使用寿命。

➡ 纳米衬衣

医疗 yī liáo

纳米粉末比任何生物的细胞都小得多，可用于人体修复材料；纳米材料抗癌制剂更是便于人体吸收，达到良好的治疗效果。

⬆ 纳米技术的出现将引发一系列新的科学技术，如纳米电子学、纳米材料学和纳米机械学等。

biàn huà duō duān de diàn liú
变化多端的电流

diàn
电

电是一种自然现象，也是一种能量，它在自然界中一直存在。而人类对电这种现象从怕到用有一个认识过程。古时候人们还无法认识这一自然现象，都认为是神的作为，因此，在中国有了雷公电母，西方则认为是上帝发怒。

⬆ 闪电是自然界的电

shí diàn
识电

后来，随着生产力水平的提高，人们意识到电是一种自然现象。1756年，美国人富兰克林著名的风筝实验进一步揭示了电的性质，并提出了电流这一术语，使得人类对电有了进一步的认识，知道电能够被人类利用。

⬅ 富兰克林从风筝实验中推测天上的闪电和摩擦所产生的电性质是相同的

国　家	美国
发明时间	1756年
发现者	富兰克林
类　别	物理

发电

随着科技水平的进一步发展，人们发现了摩擦起电原理，开始了对电的深入探索。德国工程师西门子于1866年发明了发电机，后来，人们利用水力、火力、风力、地热、核能和太阳能等发电，电开始规模化地为人类所用。

⬆ 发电机

⬆ 将发电厂（站）的电力输送和分配到用电地方的系统就是电力网，简称电网。

输电

发电机发出的电要实现远距离输送，必须要通过输电线路实现：发电厂的发电机发出电，用变压器将电压升高，再经过断路器等控制设备，接到输电线路上，传送到用电负荷中心。

安全用电

现在，电充斥在我们生活的方方面面，无论工业、农业、科技、军事、民用各个领域，都不能离开这项最基本的能源。如果没有电，是一件难以想象的事情，电已经改变了我们的生活方式，比如大面积停电会使城市陷入瘫痪状态。

世界上最亮的光
shì jiè shàng zuì liàng de guāng

激 光
jī guāng

激光的英文名称为
LASER，表示"受激辐射的光
放大"的意思。它是20世纪人类
的一项重大发明，被称为"最
快的刀"和"最亮的光"。它的
亮度约为太阳光的100亿倍，具
有很好的定向性。另外，激光
具有非常纯的单色，不像太阳
光和其他普通光那样由不同的
颜色组成。

⬆ 美国物理学家梅曼发明了世界第一
个激光器。激光和激光器的问世，被称为
20世纪最重大的科学发现之一。

从发现到制造

激光的原理早在1916年已被
著名物理学家爱因斯坦发现。1960
年，美国加利福尼亚州休斯
实验室的科学家梅曼宣布获
得了波长为0.6943微米的激
光，这是人类有史以来获得
的第一束激光，梅曼因而也
成为世界上第一个将激光
引入实用领域的科学家。

细圈闪光管提
供能量

人工红宝石

⬆ 激光器示意图。红宝石激光器
发射的激光亮度，能超过太阳的几百亿
倍。

⬆ 激光的的亮度超过
了曾经是人工光源中最亮的
高压脉冲氙灯的亮度。

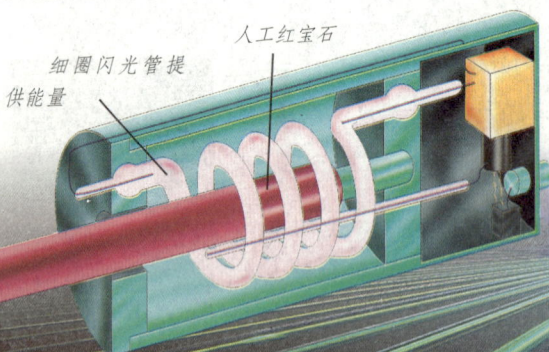

国　家	美国
发现时间	1916年
发现者	爱因斯坦
类　别	物理

定向发光

普通光源是向四面八方发光，但激光能够定向发光，也就是不发散。这使得它能够用来长距离照射物体。1962年，人类第一次使用激光照射月球，地球离月球的距离约38万千米，但激光在月球表面的光斑不到两千米。

美国国家宇航局（NASA）用激光不发散的原理照射月球

美军激光反导波音747成功击中预定目标

激光武器

人们将激光的定向性应用到军事领域，发明了激光武器。他们用定向发射的激光束直接毁伤目标或使之失效的定向能武器。激光武器具有攻击速度快、转向灵活、可实现精确打击、不受电磁干扰等优点。

生活中的应用

如今，激光的应用非常广泛，如激光手术、激光打印机、激光防伪标志、激光照排等。另外，激光的能量密度很大，精确无比。人们常常用它做金属的焊接、切割和钻孔以及在钢板、水晶等高强度材料上雕刻等。

激光切割

清洁又安全的能源

太阳能

太阳能一般是指太阳光的辐射能量，人类很早就会利用太阳能了。在现代一般用作发电，但也用作其他形式。太阳能是一种清洁能源，比起核能则更加安全。

🔼 太阳辐射到地球大气层的能量仅为其总辐射能量的20亿分之一，但已高达173 000兆兆瓦，也就是说太阳每秒钟照射到地球上的能量相当于500万吨煤燃烧产生的能量。

🔼 太阳能汽车

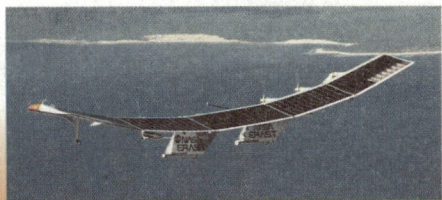
🔼 太阳能飞机

丰富的太阳能

照射在地球上的太阳能非常巨大，大约40分钟照射在地球上的太阳能，足以供全球人类一年能量的消耗。可以说，太阳能是真正取之不尽、用之不竭的能源。

🔼 太阳释放出源源不断的能量

互相转化

能量是可以相互转化的，太阳能也能够转化为电能。太阳能转化电能的途径主要有两种：一种是太阳能光发电，一种是太阳能热发电。

⬆ 太阳能热水器

⬆ 太阳能电池板

太阳能光发电

太阳能光发电大多表现在太阳能电池发电上。太阳能电池是利用光电效应，将太阳辐射能直接转换成电能的装置，是一个半导体光电二极管，当太阳光照到光电二极管上时，光电二极管就会把太阳的光能变成电能，产生电流。

太阳能电厂

太阳能热发电多表现为建立大规模发电站。法国奥德约太阳能发电站是世界上第一个实现太阳能发电的太阳能电站。虽然当时发电功率才64千瓦，但它为后来的太阳能电站的研究与设计奠定了基础。

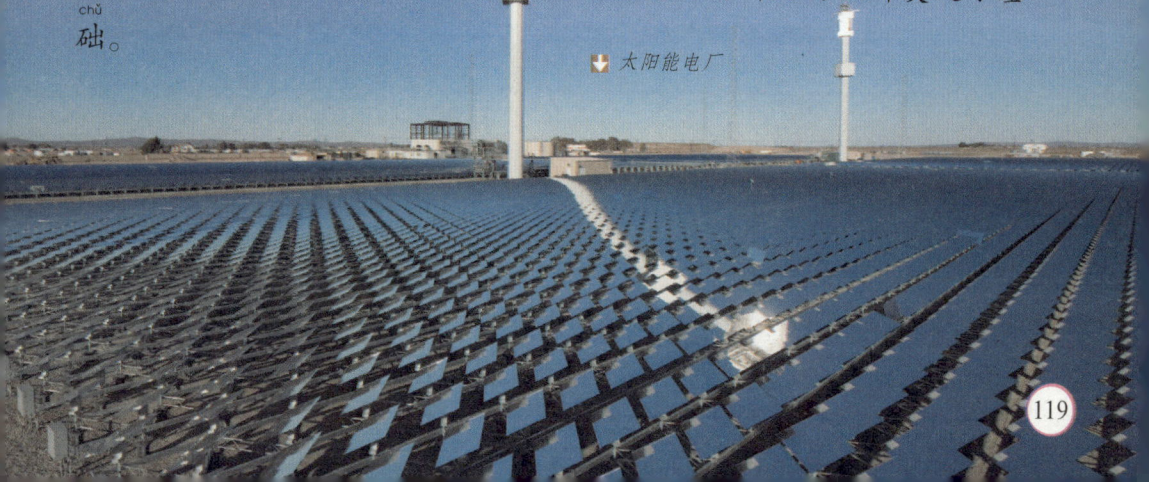
⬇ 太阳能电厂

新能源
xīn néng yuán

原子能
yuán zǐ néng

原子能又称"核能"，是新能
yuán zǐ néng yòu chēng hé néng shì xīn néng
源中最重要的一种，随着核能技术
yuán zhōng zuì zhòng yào de yì zhǒng suí zhe hé néng jì shù
的发展，其所占比重越来越大，产
de fā zhǎn qí suǒ zhàn bǐ zhòng yuè lái yuè dà chǎn
生的经济效益也越来越明显。
shēng de jīng jì xiào yì yě yuè lái yuè míng xiǎn

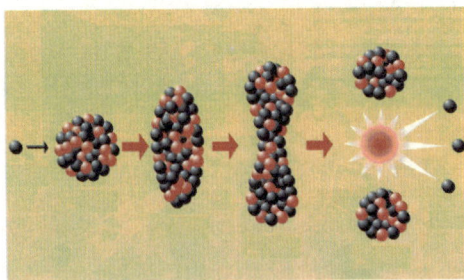

⬆ 核电厂内部

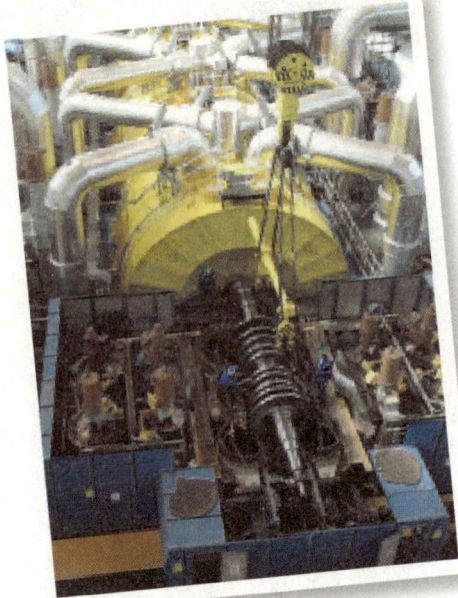

⬆ 人们利用中子轰击铀原子核使其分裂，让
它的能量释放出来，于是中子不停地轰击另外的原
子核，放出更多的中子……形成像滚雪球一样的连
锁反应，即链式反应。

神秘的"核"
shén mì de hé

任何物质都是由原子构成
rèn hé wù zhì dōu shì yóu yuán zǐ gòu chéng
的，原子是构成物质的最小单
de yuán zǐ shì gòu chéng wù zhì de zuì xiǎo dān
位，而物质的能量就聚集在这小
wèi ér wù zhì de néng liàng jiù jù jí zài zhè xiǎo
小的原子核里面，如果原子核发
xiǎo de yuán zǐ hé lǐ miàn rú guǒ yuán zǐ hé fā
生爆炸就能释放出很大的能量。
shēng bào zhà jiù néng shì fàng chū hěn dà de néng liàng

⬇ 原子弹爆炸升腾起的蘑菇云

核燃料

在核能利用中，能发生裂变和聚变反应的材料，称作核燃料。目前常用的核燃料有铀、钚和钍等，这些原子核发生裂变能释放大量能量，是最佳核原料。根据核反应的不同，又分为裂变燃料和聚变燃料。

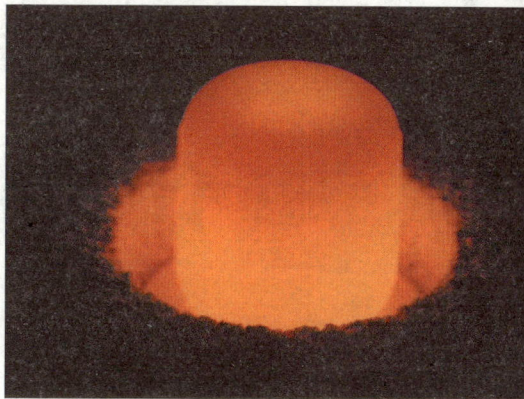

⬆ 钚可作为核燃料和核武器的裂变剂

中子　中子

中子

原子核

⬆ 铀235裂变示意图

核能的优势

据计算，1千克核燃料完全裂变释放出的热量，相当于3 200吨标准煤燃烧释放出的热量。如铀-235原子核完全裂变放出的能量是同量煤完全燃烧放出能量的2 700 000倍。也就是说1克U-235完全裂变释放的能量相当于2吨半优质煤完全燃烧时所释放的能量。

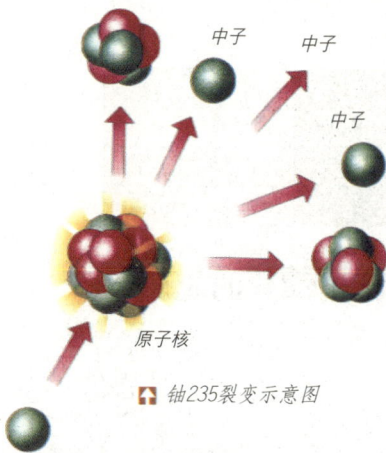

和平利用核能

自1951年美国首次利用核能发电以来，世界核电至今已有50多年的发展历史。截止到2005年底，全世界核电运行机组共有440多台，其发电量约占世界发电总量的16%。现在，核电已成为一种成熟的能源。

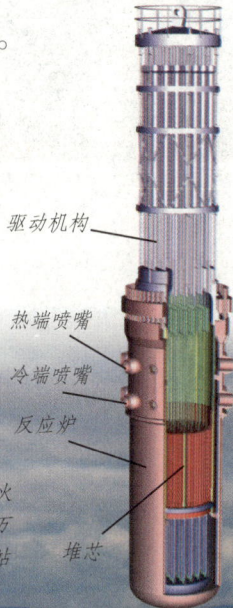

⬇ 一座100万千瓦的火电厂，每年要烧掉约330万吨煤，而同样容量的核电站一年只用30吨燃料。

驱动机构

热端喷嘴

冷端喷嘴

反应炉

堆芯

⬆ 核电厂核反应示意图

121

智能运算处理器

zhì néng yùn suàn chǔ lǐ qì

计算机

jì suàn jī

↑ 笔记本电脑

计算机又称电脑，是一种不需要人工直接干预就能够按照程序运行，自动、高速处理大量数据的现代化智能电子设备。计算机由硬件和软件组成。

国　家	美国
发现时间	1946年
发明者	莫奇莱和埃克特
类　别	计算机

↑ 巴贝奇的解析机模型

现代计算机设计的先驱

xiàn dài jì suàn jī shè jì de xiān qū

1834年，英国数学家巴贝奇在穿孔卡片控制提花织布机的启发下，设计的"解析机"已具有现代计算机的5个基本部分：输入装置、处理装置、存储装置、控制装置和输出装置。

世界第一台计算机

1946年2月15日，世界上第一台计算机——"埃尼阿克"在美国诞生。它占地面积170平方米，使用了18 000个电子管、70 000个电阻、10 000个电容，重30 000千克，可以20秒计算一条炮弹弹道，一天的计算量等于一位计算员用台式计算机工作40年。

埃尼阿克使计算机的发展史又掀开了新的一页。

第三代集成电路计算机——IBM 360型系列计算机

飞速发展

1956年，第二代晶体管电子计算机诞生了，它的体积只有一个大柜子那么大。1959年，第三代集成电路计算机出现，体积更小。此后计算机技术飞速发展，尤其是个人计算机，其体积越来越小，但功能却越来越强大，如PC机、笔记本电脑、平板电脑等都影响着我们的生活。

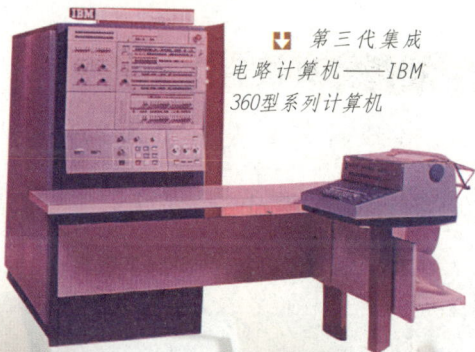

硬件和软件

计算机的硬件就是我们看得见摸得着的那些计算机零部件，比如主机、键盘、存储器等。计算机软件就是指能使计算机发挥作用的程序。硬件和软件的关系就相当于人的身体和思想一样。

计算机的硬件

计算机中的巨无霸

超级计算机

超级计算机通常是指由数百数千甚至更多的处理器组成的、能计算大型复杂课题的计算机，是计算机中体积最大、功能最强、运算速度最快、存储容量最大的一类计算机。

▲ "尤金"超级计算机由德国尤利希超级计算机中心所研制成

超级计算机的意义

超级计算机是一个国家科技发展水平和综合国力的重要标志。在气象、军事、能源、航天、探矿等领域承担大规模、高速度的计算任务。

国　家	美国
发现时间	1973年
类　别	计算机

▲ "走鹃"超级计算机是世界第一台采用Cell处理器的混合式超级计算机

▼ "美洲豹"超级计算机系属于美国能源部

超级计算机的速度

把普通计算机的运算速度比作成人的走路速度，那么超级计算机就达到了火箭的速度。在这样的运算速度前提下，人们可以通过数值模拟来预测和解释以前无法实验的自然现象。

↑ "海妖"超级计算机由美国田纳西大学国家计算科学研究院所研制

↑ 由国家超级计算机天津中心研制的"天河一号"超级计算机是中国首台千万亿次超级计算机系统，它的运算速度是以前国产超级计算机的4倍。

中国的超级计算机

我国目前有近20台超级计算机，计算速度已达到世界先进水平。我国的"天河一号"超级计算机在世界排名中名列第一，每秒2 570万亿次；我国的"星云"超级计算机排名第三，每秒1 270万亿次。

速度最快的超级计算机

目前世界上运算速度最快的超级计算机是由IBM公司为美国劳伦斯·利弗莫尔国家实验室研发的Sequoia，它每秒能完成1.6亿亿次运算。

将世界连成"地球村"

互联网

互联网已经成为人们生活的一部分，对人们的作用越来越大。它是怎样建立起来的？跟电脑之间有什么关系？光有一台电脑算不算网络？

⬆ 互联网

⬆ 网线

局域网

把两台以上电脑或者和其他硬件连接起来，就是一个局域网。比如有些学校或其他单位，为了工作方便，相互联系，就把电脑连接起来，组成一个封闭的网络。

广域网

广域网也称远程网，所覆盖的范围从几十公里到几千公里，它能连接多个城市或国家，或横跨几个洲并能提供远距离通信，形成国际性的远程网络。

⬆ 网络就是传媒，网络在人们生活中的作用异常大。

⬆ 网络方便了我们的生活

互联网

即广域网、局域网及单机按照一定规则组成的国际计算机网络。互联网是英国爵士蒂姆·伯纳斯于1990年提出的。有了互联网，人们可以与远在千里之外的朋友相互发送邮件、共同完成工作、共同娱乐。

互联网的作用

互联网在现实生活中应用很广泛。在互联网上我们可以聊天、玩游戏、查阅东西等。更为重要的是在互联网上还可以进行广告宣传和购物。互联网给人们的现实生活带来很大的方便。

国　家	英国
发现时间	1990年
发明者	蒂姆·伯纳斯
类　别	互联网

diàn zǐ jì shù de xì bāo
电子技术的细胞

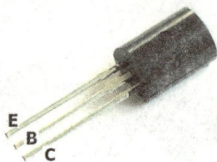

jīng tǐ guǎn
晶体管

E
B
C

威廉·肖克利（坐者）、沃特·布拉顿（右）、约翰·巴顿（左）在贝尔实验室中工作。

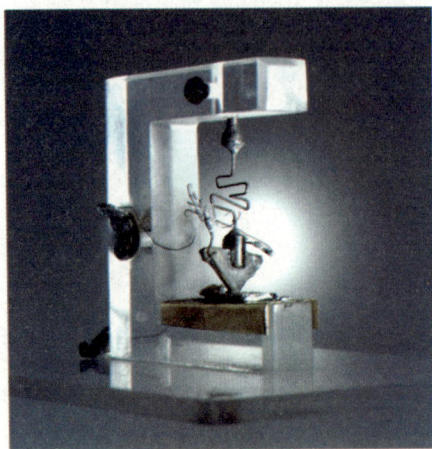

jīng tǐ guǎn shì yī zhǒng gù tǐ bàn dǎo tǐ qì
晶体管是一种固体半导体器
jiàn shì shōu yīn jī diàn shì jī diànnǎo shǒu jī
件，是收音机、电视机、电脑、手机
děng diàn zǐ chǎn pǐn de zhòng yào nèi bù yuán jiàn zài xiàn
等电子产品的重要内部元件，在现
dài diàn zǐ jì shù zhōng dà liàng shǐ yòng suǒ yǐ shuō jīng
代电子技术中大量使用，所以说晶
tǐ guǎn shì xiàn dài diàn zǐ jì shù de xì bāo
体管是现代电子技术的细胞。

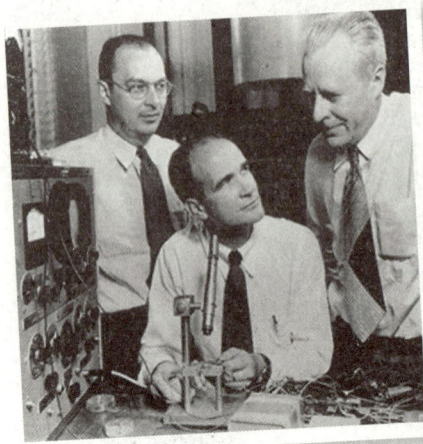

diàn zǐ jì shù de jìn bù
电子技术的进步

nián wēi lián xiāo kè lì yuē
1947年，威廉·肖克利、约
hàn bā dùn hé wò tè bù lā dùn chénggōng de zài
翰·巴顿和沃特·布拉顿成功地在
bèi ěr shí yàn shì zhì zào chū dì yī gè jīng tǐ guǎn
贝尔实验室制造出第一个晶体管。
tā yōng yǒu diàn zǐ guǎn suǒ wú fǎ bǐ nǐ de yōu diǎn
它拥有电子管所无法比拟的优点：
bǐ diàn zǐ guǎn kě kào bèi nài chōng jī nài
比电子管可靠100倍、耐冲击、耐
zhèn dòng tǐ jī zhǐ yǒu diàn zǐ guǎn de shí fēn zhī yī
振动，体积只有电子管的十分之一
dào bǎi fēn zhī yī jīng tǐ guǎn de chū xiàn shì xiàn
到百分之一。晶体管的出现，是现
dài diàn zǐ jì shù de wěi dà jìn bù
代电子技术的伟大进步。

世界上第一个晶体管的模型

国家	美国
发现时间	1947年
发明者	威廉·肖克利、约翰·巴顿和沃特·布拉顿
类别	电子

电子产业的核心竞争力

集成电路

↑ 杰克·基尔比研制出了世界上第一块集成电路，积极地推动了电子工业的发展。

集成电路简称IC，是20世纪60年代初期发展起来的一种新型半导体器件。集成电路发明者为杰克·基尔比（基于硅的集成电路）和罗伯特·诺伊思（基于锗的集成电路）。当今半导体工业大多数应用的是基于硅的集成电路。

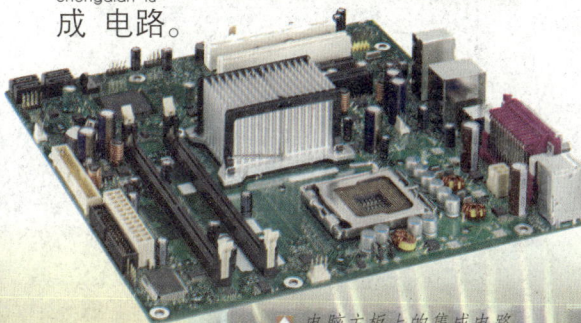

↑ 电脑主板上的集成电路

集成电路的功能

集成电路具有体积小，重量轻，引出线和焊接点少，寿命长，可靠性高，性能好等优点。同时成本低，便于大规模生产。它不仅在计算机方面得到广泛的应用，同时在军事、通信、遥控等方面也应用广泛。

国　家	美国
发现时间	20世纪60年代
发明者	杰克·基尔比、罗伯特·诺伊思
类　别	微电子技术

最牛的机器人

阿西莫

"阿西莫"机器人是真正意义上的机器人，由日本本田公司于2000年研制成功。该机器人能自如地走动、跳舞，甚至爬楼梯。

阿西莫机器人

阿西莫奔跑时

聪明的阿西莫

阿西莫代表了世界类人机器人的最先进技术。它身上装了很多关节，能保证它自由地完成很多动作。2006年，升级版的阿西莫，具备人工智能，能够自主完成某些动作，已经具备了识别和记忆功能。

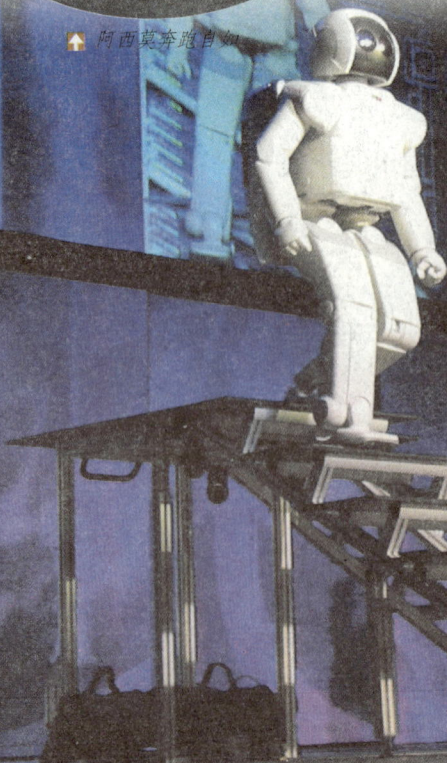

国家	日本
发明时间	2000年
类别	机器人

yǔ rén gòng wǔ de jī qì rén
与人共舞的机器人

měi shào nǚ jī qì rén
美少女机器人

rì běn chǎn yè jì shù zōng hé yán jiū suǒ
日本产业技术综合研究所
zuì jìn kāi fā chū yī kuǎn jī qì rén míng jiào
最近开发出一款机器人，名叫
shēn gāo mǐ tǐ xíng
"HRP-4"。身高1.58米，体形
hé zhēn rén dà xiǎo xiāng dāng fū sè yǔ rén lèi xiāng
和真人大小相当，肤色与人类相
jìn rú guǒ bù xì kàn nǐ gēn běn bù zhī dào tā
近，如果不细看，你根本不知道她
shì jī qì rén
是机器人。

➡ HRP-4C会说话，会行走，表情非
常丰富。

wǔ zī yōu měi
▶ 舞姿优美

tā bù dàn fū sè xiàng rén hái néng gòu xiàng zhēn rén nà yàng chàng chū yōu měi dòng tīng de gē lìng rén
　　她不但肤色像人，还能够像真人那样唱出优美动听的歌，令人
jīng qí de shì tā kě yǐ mó fǎng rén lèi gē shǒu fēng fù de miàn bù biǎo qíng
惊奇的是，她可以模仿人类歌手丰富的面部表情。

国　家	日本
发明时间	2010年
类　别	机器人

壁虎机器人
bì hǔ jī qì rén

爬行机器人
pá xíng jī qì rén

机器人有各种各样，其中有一类叫作爬行机器人。爬行机器人适合在地面、斜坡、危险的高层建筑上进行作业。有很多种，例如仿壁虎机器人。

⬇ 美国斯坦福大学科学家研制的壁虎机器人

⬆ 壁虎机器人

仿壁虎爬行机器人
fǎng bì hǔ pá xíng jī qì rén

仿壁虎机器人能像壁虎一样爬墙走壁，其实就是利用仿生学原理，模仿壁虎的样子，尤其是和壁虎一样在四个脚上分布了无数的刚毛，足以使机器人牢牢地附着在墙壁上，奔跑自如，甚至可以倒立在房顶上爬行。

⬆ 机器人足部

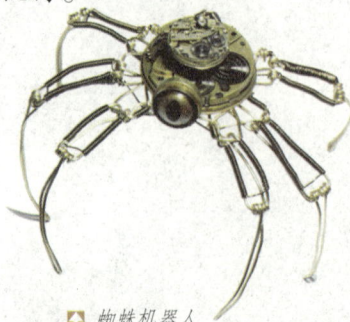

⬆ 蜘蛛机器人

会飞的机器人

昆虫机器人

随着纳米技术的发展和成熟，人们已经开始研究像小昆虫一样大的机器人——"机械昆虫"，这是一种受人工控制的微型飞行昆虫探测器。比如蟑螂机器人、蚱蜢机器人等。

⬆ 像一个火柴盒的蟑螂机器人

⬆ 由瑞士科学家最新研发的的蚱蜢机器人仅5厘米高，重7克。

隐蔽性强

研究人员可以将电子装置植入"机械昆虫"的神经系统控制肌肉，以让人控制它的飞行方向。这种机器人体积很小，跟昆虫长得一模一样，所以隐蔽性很强。

⬆ 昆虫机器人在军事上可以充当隐形侦察机。它可以近距离窥探敌情，甚至可以像一只"苍蝇"落到敌人的头发上而不被觉察。

藏在海底的"千里眼"
水下机器人

俗话说"上天容易，入海难"，因为深水下面的压强非常大，人会被压死。但是人们需要了解海洋底部的情况，就必须找个替代物，这就是水下机器人，也称无人遥控潜水器。它们不仅可以探测海底的状况，同时在海底石油、天然气勘探方面，水下机器人也可以大显身手。

⬆ "龙虾"水下机器人

⬆ "斯洛克姆"12号水下探测机器人

神奇的潜水器

美国的"斯洛克姆"12号水下探测机器人，能依靠水下电视、声呐等专用设备进行观察，通过机械手，进行水下作业，避免人在海底进行研究时遇到一些危险。

灭火急先锋
miè huǒ jí xiān fēng

消防机器人
xiāo fáng jī qì rén

消防机器人就是专门用于消防
xiāofáng jī qì rén jiù shì zhuānményòng yú xiāofáng
领域的智能设备。消防机器人可代
lǐng yù de zhì néng shè bèi xiāofáng jī qì rén kě dài
替消防队员接近火场实施有效的灭
tì xiāofáng duì yuán jiē jìn huǒ chǎng shí shī yǒu xiào de miè
火救援、化学检验和火场侦察。
huǒ jiù yuán   huà xué jiǎn yàn hé huǒ chǎng zhēn chá

⬆ 消防机器人

⬆ "丛林消防员"机器人

灭火英雄
miè huǒ yīng xióng

例如化工厂发生火灾,灭火的
jì rú huà gōng chǎng fā shēng huǒ zāi miè huǒ de
难度和危险性极高,为了避免人员伤
nán dù hé wēi xiǎn xìng jí gāo wèi le bì miǎn rén yuánshāng
亡,可以利用机器人。用特种材料
wáng   kě yǐ lì yòng jī qì rén yòng tè zhǒng cái liào
做成的机器人能适应特种环境。例
zuò chéng de jī qì rén néng shì yìng tè zhǒnghuán jìng lì
如用耐高温材料做的机器人就可以深
rú yòng nài gāo wēn cái liào zuò de jī qì rén jiù kě yǐ shēn
入火场中心抢救物资和被困人员。
rù huǒ chǎngzhōng xīn qiǎng jiù wù zī hé bèi kùn rén yuán

135

jī qì rén yī shēng
机器人医生

yī yòng jī qì
医用机器人

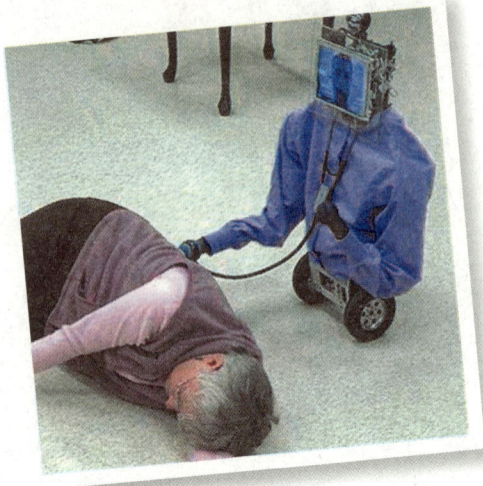

医用机器人是医学领域一种智能型服务机器人，它有广泛的感觉系统、智能模拟装置，因而能独自编制操作计划，依据实际情况确定动作程序，从事医疗或辅助医疗工作。

⬆ 医用机器人

⬆ 日本研制的护理机器人

jī qì rén yī shēng de fēn lèi
机器人医生的分类

按照其用途不同，医用机器人可分为运送物品机器人、移动病人机器人、临床医疗用机器人和为残疾人服务机器人、护理机器人、医用教学机器人等。

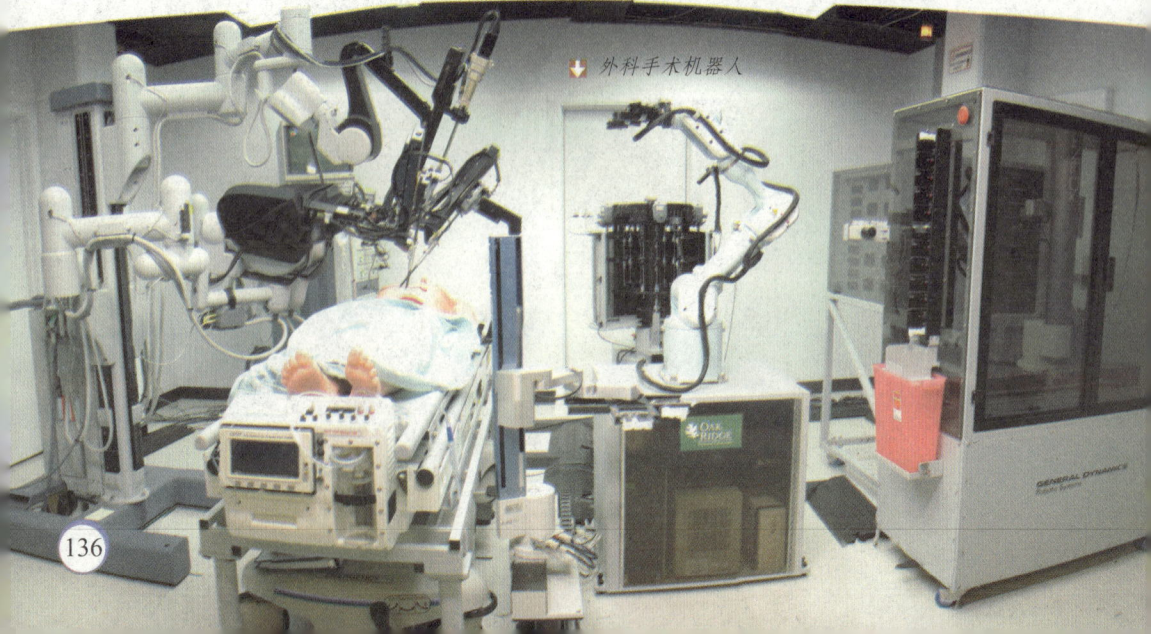

⬇ 外科手术机器人

未来的超级战士
wèi lái de chāo jí zhàn shì

机器人士兵
jī qi rén shì bīng

机器人士兵又称军事机器人，是指为了军事目的而研制的自动机器人。随着计算机技术的迅猛发展、人类对生命的珍视，使用机器人是将来战争的一大趋势。这同样也能应对有可能的核战争。

⬆ 机器人士兵

⬆ 电影中的机器人士兵

机器人大战
jī qi rén dà zhàn

目前一些国家正在组建机器人部队。一些军队的机器人已开始执行侦察和监视任务，替代士兵站岗放哨、排雷除爆。机器人的成本仅是士兵1/100，在不久的将来，电视里的《变形金刚》将会变为现实。

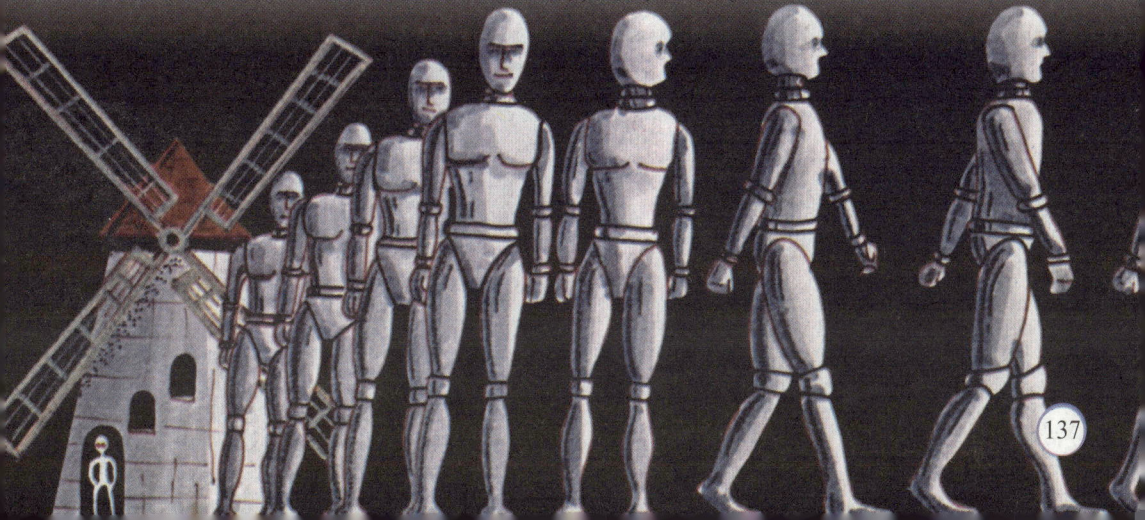

不用驾驶的汽车

bù yòng jià shǐ de qì chē

机器人汽车

jī qì rén qì chē

niú jīn dà xué de kē xué jiā yán zhì chū yī liàng xiān
牛津大学的科学家研制出一辆先
jìn de néng shí xiàn zì dòng jià shǐ hé dǎo háng de jī qì
进的能实现自动驾驶和导航的机器
rén qì chē zhè zhǒng jī qì rén qì chē míng wéi yě
人汽车，这种机器人汽车名为"野
māo yě māo cǎi yòng de xì tǒng wù chā zhǐ
猫"。"野猫"采用的系统误差只
yǒu lí mǐ bǐ cháng guī wèi xīng dǎo háng xì tǒng
有2.5厘米，比常规卫星导航系统
gèng xiān jìn gèng jīng què
更先进、更精确。

🔺 机器人汽车

🔺 机器人汽车

最聪明的汽车

zuì cōng míng de qì chē

yě māo yōng yǒu liǎng zǔ yǎn jīng hé chuán
"野猫"拥有两组"眼睛"和传
gǎn qì yī zǔ zài chē dǐng shang yī zǔ zài bǎo xiǎn gàng
感器，一组在车顶上，一组在保险杠
shang liǎng zǔ yǎn jīng bù tíng de duì zhōu wéi huán jìng jìn xíng
上，两组眼睛不停地对周围环境进行
sǎo miáo néng gòu jí shí bì miǎn zhàng ài zhēn zhèng shí
扫描，能够及时避免障碍。真正实
xiàn le zài méi yǒu rén lèi jià shǐ huò zhě cān yù de qíng kuàng
现了在没有人类驾驶或者参与的情况
xià zì dòng xíng shǐ bìng qiě què bǎo xíng chē ān quán
下自动行驶并且确保行车安全。

BigDog在行动
zài xíng dòng

BigDog机器人
jī qì rén

BigDog机器人又叫大狗机器人，实际上是一种机器狗，或者说是形状像狗的机器人。由波士顿动力学工程公司专门为美国军队研究设计。它不但可以爬山涉水，承载货物，而且善于奔跑。

⬆ BigDog机器人

能干的"大狗"

"大狗"机器人的内部安装有一台计算机，可根据环境的变化调整行进姿态。"大狗"的四条腿完全模仿动物的四肢设计。它的行进速度可达到7千米/小时，能够攀越35度的斜坡，也可携带重量超过150千克的武器和其他物资。

⬆ "大狗"并不靠轮子行进，而是通过其身下的四条"铁腿"。

从外形来看，非常像《变形金刚2》中四脚着地的汪派机器人。不过，它的奔跑时速可达29千米，甚至超过人类。➡

最顽强的建筑

比萨斜塔

比萨斜塔是意大利比萨城大教堂的独立式钟楼，位于意大利托斯卡纳省比萨城北面的奇迹广场上，比萨斜塔是比萨城的标志，被联合国教育科学文化组织评选为世界遗产。

▲ 比萨斜塔

▲ 伽利略在比萨斜塔上做自由落体实验时的情景

最顽强的建筑

比萨斜塔修建的过程很曲折，竟然断断续续修建了近200年！并且在刚修建到一半时就发生倾斜，但是600多年过去了，它仍然斜而不倒。

↓ 比萨斜塔内景

国　家	意大利
建造时间	1173年—1372
类　别	建筑

刚修建就停工

作为比萨大教堂的钟楼，1173年8月9日开始建造时的设计是垂直竖立的，原设计为8层，高54.8米，但是1178年，当钟楼兴建到第4层时已经倾斜偏向东南方，工程因此暂停。

↑ 比萨斜塔的楼梯

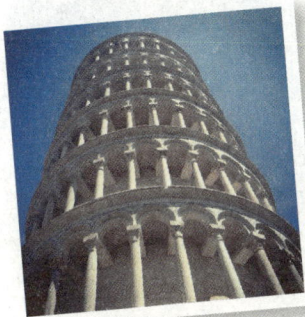

↑ 比萨斜塔不断修修停停

再次停工

1278年进展到第7层的时候，塔身呈凹形，工程再次暂停。1360年，在停滞了差不多一个世纪后钟楼向完工开始最后一个冲刺，并作了最后一次重要的修正。

继续倾斜

1372年摆放钟的顶层完工。而且一直不断地向下倾斜。比萨塔之所以如此顽强，有专家认为：建造塔身的石砖与石砖间的粘合极为巧妙，有效地防止了塔身倾斜引起的断裂，成为斜塔斜而不倒的一个因素。

↑ 斜塔门

钢铁巨人

埃菲尔铁塔

↑ 埃菲尔铁塔

1889年，为了庆祝法国大革命100周年，巴黎举办了大型国际博览会以示庆祝，法国政府希望借这次会展展示法国魅力，于是，决定建造一座世界最高铁塔。这项任务落在了建筑师埃菲尔的肩上。

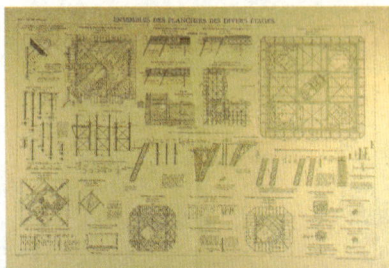
↑ 铁塔的设计图

当时最高的铁塔

铁塔得名于它的设计师居斯塔夫·埃菲尔。埃菲尔铁塔从1887年起建，1889年建成，高300米，加上天线总高324米。是当时世界最高建筑，这一纪录一直保持到1930年。

国　家	法国
建造时间	1887年—1889
类　别	建筑

从塔底仰视埃菲尔铁塔

↑ 为了纪念设计者的贡献，铁塔除了用他的名字命名外，还特别在塔下为他塑造了一座半身铜像。

钢铁的巨人

埃菲尔铁塔占地一公顷，耸立在巴黎市区塞纳河畔的战神广场上。除了四个塔基是用钢筋水泥之外，其余全部都用钢铁构成。

数字埃菲尔

塔分三层，第一层高57米，第二层高115米，第三层高274米。从塔座到塔顶共有1 711级阶梯，共用去钢铁7 000吨，12 000个金属部件，259万只铆钉，极为壮观，更为可贵的是，安装过程中没有一件需要修改，也没有发生一起事故。

巴黎的瞭望塔

埃菲尔铁塔每一层都设有酒吧和饭馆，供游客在此小憩，领略独具风采的巴黎市区全景：每逢晴空万里，这里可以看到远达70公里之内的景色。

高科技时代的建筑
gāo kē jì shí dài de jiàn zhù

巴黎蓬皮杜艺术中心
bā lí péng pí dù yì shù zhōng xīn

为了纪念法国总统戴高乐反抗法西斯的伟大功勋，1969年，时任法国总统蓬皮杜提议修建一座现代艺术馆。在600个设计方案中，伦佐·皮亚诺和理查德·罗杰斯设计的方案脱颖而出。

↑ 巴黎蓬皮杜艺术中心

名称的由来
míng chēng de yóu lái

在艺术馆还没有竣工时，1974年，蓬皮杜却因病去世，为了纪念这位总统，人们后来把艺术馆命名为蓬皮杜艺术中心。

↑ 蓬皮杜

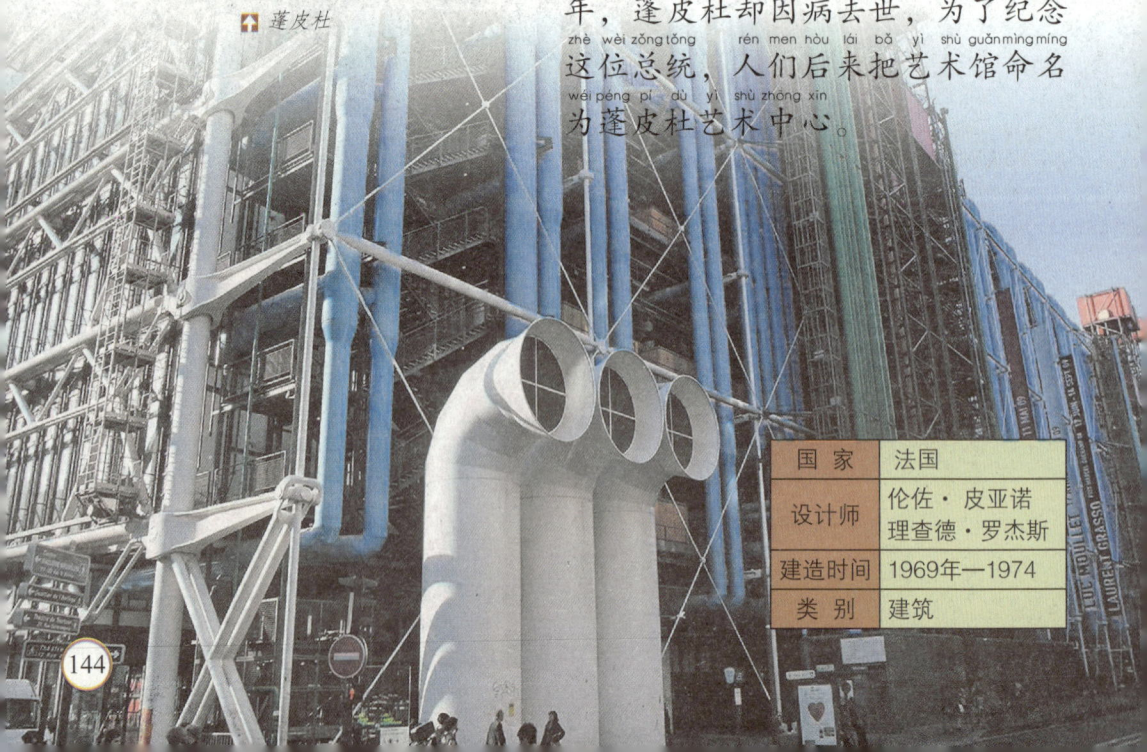

国 家	法国
设计师	伦佐·皮亚诺 理查德·罗杰斯
建造时间	1969年—1974
类 别	建筑

高科技时代的建筑

总建筑面积为103 305平方米的蓬皮杜中心由28根圆形钢管柱支承。其中除去一道防火隔墙以外，没有一根内柱和固定墙面。为了节省室内空间，所有柱子、横梁和楼梯均建在室外。

⬆ 巴黎蓬皮杜艺术中心外形非常的宏伟壮观

⬆ 巴黎蓬皮杜艺术中心的建筑风格非常的独特

六大板块

蓬皮杜文化艺术中心由工业创造中心、公共参考图书馆、国家现代艺术博物馆、音乐—声学协调研究所、儿童图书馆、儿童工作室六大板块组成，其中儿童板块就占据两个！尤其是儿童图书馆藏有2万册儿童书画；"儿童工作室"主要是为4～12岁的孩子学习绘画、舞蹈、演戏、做手工等而设计的。

现代巴黎的象征

蓬皮杜文化中心是一座由钢管和玻璃管构成的庞然大物，特别引人注目。参观它的人数远远超过了埃菲尔铁塔。如果说卢浮宫博物馆代表着法兰西的古代文明，那么"蓬皮杜文化中心"便是现代巴黎的象征。

zì lì gēng shēng de jiàn zhù
自力更生的建筑

bā lín shì mào zhōng xīn
巴林世贸中心

bā lín shì jiè mào yì zhōng xīn yě jiào bā lín
巴林世界贸易中心，也叫巴林
mào yì zhōng xīn shì yí zuò gāo céng shuāng tǎ
贸易中心，是一座高50层、双塔
jié gòu de jiàn zhù wù dà lóu wèi yú bā lín shǒu dū
结构的建筑物。大楼位于巴林首都
mài nà mài yóu nán fēi jiàn zhù shī xiāo ēn qí lā shè
麦纳麦，由南非建筑师肖恩·奇拉设
jì gāi jiàn zhù jiāng fēng néng yǔ jiàn zhù wán měi de jié
计。该建筑将风能与建筑完美地结
hé qǐ lái shì jiāng jié néng huán bǎo jì shù róng rù xiàn
合起来，是将节能环保技术融入现
dài jiàn zhù de diǎn fàn
代建筑的典范。

↑ 巴林世贸中心是世界上第一座为
自身提供可再生能源的摩天大楼

古今结合、魅力无限

bā lín shì mào zhōng xīn de shè jì shì gǔ diǎn yǔ
巴林世贸中心的设计是古典与
xiàn dài jié hé de chǎn wù jì chéng le ā lā bó chuán
现代结合的产物，继承了阿拉伯传
tǒng jiàn zhù jiǎng jiū shuāng tǎ bìng lì de chuán tǒng lián
统建筑讲究双塔并立的传统，连
jiē shuāng tǎ de héng liáng shang yī cì ān zhì sān zuò fēng
接双塔的横梁上依次安置三座风
lì jī yè lún dòng jìng jié hé hún rán yì tǐ
力机叶轮，动静结合，浑然一体。

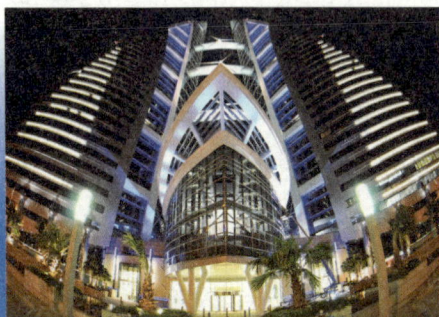

↑ 巴林世贸中心的大厅入口都设有高
速运行的乘客电梯

↑ 3个巨大的风
力涡轮螺旋桨

国家	巴林
建造时间	2004年
设计师	肖恩·奇拉
类别	建筑

↑ 巴林世贸中心还是一座智能化的建筑

捕风的窍门

巴林世贸中心采用坡面流线型楼体设计，以便把更多高处的气流引导向低处，给低位的风力机使用。即便是遇到45度斜角度吹来的风，气流一旦与楼体接触，便顺着流线型楼面灌入双塔之间，对风力机形成正面的气流冲击，为叶轮提供动力。

自身发电，首屈一指

240米高的巴林世贸中心作为全世界第一座风能建筑，每年可以自行提供120万度电力，相当于300个家庭用电量的总和。巴林世贸中心是世界第一座可为自身提供可再生能源的摩天大楼。

横梁的奥妙

如此高的双塔建筑，其坚固性不免成为人们怀疑的话题。设计师早就考虑到这个问题，虽为双塔摩天大楼，但三道横梁已将双塔连成一体，同时还有美观和托举发电机的功用，真是一物三用！

↗ 巴林世贸中心的塔楼既像风帆，又像一对微展的羽翼。它是第一个成功实现摩天大楼与风能技术完美结合的建筑。

气泡建筑
qì pào jiàn zhù

水立方
shuǐ lì fāng

国家游泳中心又被称为"水立方"，位于北京奥林匹克公园内，是北京为2008年夏季奥运会修建的主游泳馆，也是2008年北京奥运会标志性建筑物之一。它最引人瞩目的就是满身的"气泡"。

↑ 水立方内部对称排列的大看台视野开阔

↑ 水立方和鸟巢的夜景

气泡建筑
qì pào jiàn zhù

水立方的外表总共由1 437块ETFE（四氟乙烯）膜材料组成，营造出极具魅力的视觉效果：无论站在场馆内外任何角度，都能看到一个个紧密相连的半透明的水泡，但却看不到一根多余的钢梁。

国家	中国
建成时间	2008年
类别	建筑

最高的摩天大楼

迪拜塔

在阿拉伯联合酋长国的第二大城市迪拜，有一座世界最高的摩天大楼——迪拜塔。迪拜塔是由钢筋水泥和玻璃建造起来的一项建筑和工程学的杰作，可以说是人类建造的"通天塔"。

🔼 迪拜塔塔内总共有56部升降机，速度最高达每秒174米。

高且坚固

建造迪拜塔总共使用了33万立方米混凝土、39万吨钢材和142万平方米玻璃。它不但高度惊人，还能够经受里氏6级地震和承受飞机撞击以及大火的袭击，在每秒55米的大风中依然能保持稳定。

🔼 由高往低看迪拜塔。楼高162层，828米，从地面到楼顶温度相差10℃，上楼跟上山的感觉一样。

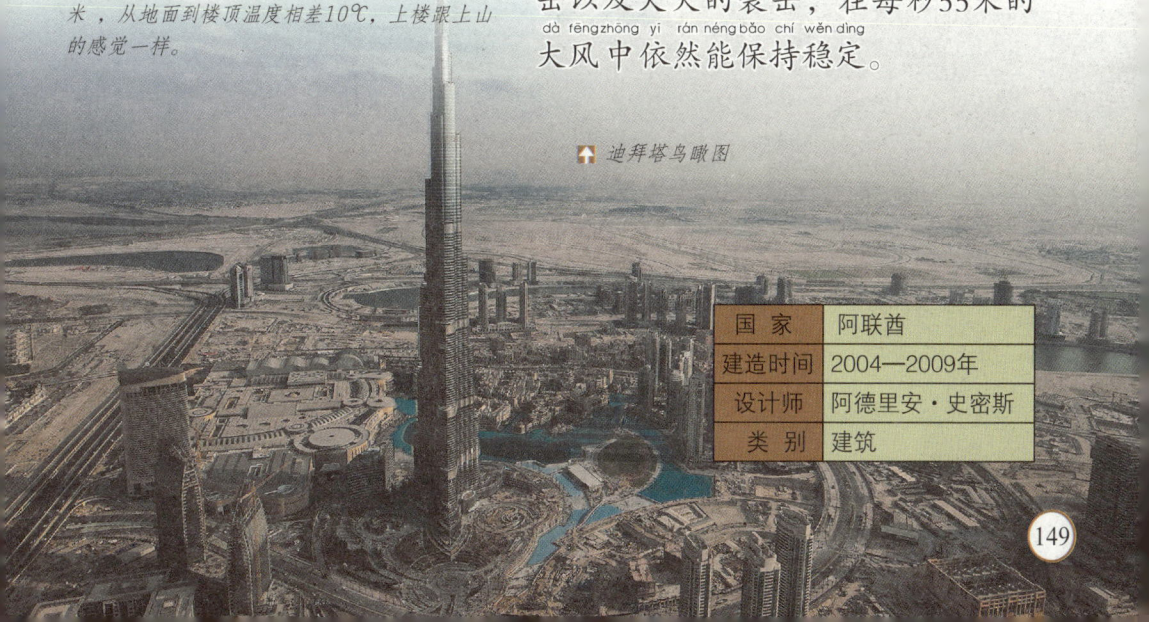

🔼 迪拜塔鸟瞰图

国　家	阿联酋
建造时间	2004—2009年
设计师	阿德里安·史密斯
类　别	建筑

高科技大马桶

美国太空港

2011年10月17日，由英国维珍银河公司修建的太空港正式落成。它位于美国新墨西哥州的沙漠地带，总占地面积9 290平方米。从空中俯瞰，就像一个巨大的马桶，充满了科幻色彩。它的落成标志着这个世界上一种新的建筑类型正在形成。

⬆ 太空港的设计图

结构

太空港是世界上第一所特别建造的商业太空航空港。整个太空港耗资2.09万亿美元。港中拥有一条长达3.2千米的跑道，一个可容纳5架"太空船"2号飞船和两架"白色骑士"2号母船的停机坪、一个航站楼、一个机库、一个任务控制中心以及一个游客准备区。

⬆ 航站楼

⬆ 太空港的设计概念图

太空旅游第一站

作为未来人们太空旅游的第一站，太空港的候机大厅有数层楼高，还有一个飞行控制中心。走廊是太空港与外界联系的通道，长达数百米，由混凝土制成。当游客们买到机票后，顺着走廊进入候机大厅，并在那里等候航班，和乘坐飞机一样方便。

⬆ 太空港的入口设计图

绿色建筑

由于地处沙漠腹地，太空港主要依赖太阳能维持供热和冷却系统运行，使用光电板来发电，同时拥有水循环设施。一个起伏不平的混凝土外壳起到屋顶的作用，而且航站楼和机库的外墙均覆盖着特制的玻璃板，透过大块玻璃、跑道和飞船一览无遗。

⬆ 太空港外形像个大马桶。机库中有完善的停放和维修设施。

⬇ 太空港从开工到落成经历了6年时间，已经成为了新墨西哥州的标志性建筑。

图书在版编目（CIP）数据

百大科学真相/梁瑞彬编著. — 长春：吉林科学
技术出版社，2013.3（2021.1 重印）
（新编少儿百科全书）
ISBN 978-7-5384-6528-0

Ⅰ.①百… Ⅱ.①梁… Ⅲ.①科学知识—少儿读物
Ⅳ.①Z228.1

中国版本图书馆CIP数据核字(2013)第037242号

新编少儿百科全书
百 大 科 学 真 相

编　著	梁瑞彬
编　委	马万霞　闫谦君　胡小洋　何　莉　袁　伟　王　琨　张　静　相　峰　张　瑾
	移　然　张鹏亮　杨　军　唐美艳　祝燕英　王晓青　张　辉　华　锋　赵全胜
出版人	李　梁
策划责任编辑	万田继
执行责任编辑	周　禹
封面设计	长春美印图文设计有限公司
制　版	知源图书工作室
开　本	710mm×1000mm　1/16
字　数	100千字
印　张	9.5
版　次	2014年3月第1版
印　次	2021年1月第7次印刷

出　版	吉林科学技术出版社
发　行	吉林科学技术出版社
邮　编	130021
发行部电话/传真	0431-85635177　85651759　85651628
	0431-85677817　85600611　85670016
储运部电话	0431-84612872
编辑部电话	0431-86037583
网　址	http://www.jlstp.com
印　刷	北京一鑫印务有限责任公司

书　号	ISBN 978-7-5384-6528-0
定　价	29.80元

如有印装质量问题，可寄出版社调换。